Wahrheit - Was ist wirklich?

KSV
Kärntner
SchriftstellerInnen
Verband

Gedruckt mit freundlicher
Unterstützung von

Bundesministerium für Kunst, Kultur
öffentlichen Dienst und Sport
Sektion IV Kunst und Kultur

und

Amt der Kärntner Landesregierung
Abteilung 1 – EU-Koordination

WAHRHEIT

Was ist wirklich?

Europäische Toleranzgespräche
Fresach 2024

Edition im Auftrag des Vereins
Denk.Raum.Fresach – Europäisches Toleranzzentrum
Produktion: Temmel, Seywald & Partner
Herausgeber: Dr. Wilfried Seywald

Inhalt

Wilfried Seywald
Geleitwort – Wahrheit ohne Alternative

Die 10. Europäischen Toleranzgespräche waren sicherlich ein Meilenstein der Demokratiebildung im Superwahljahr 2024, das Generalthema „Wahrheit – Was ist wirklich?" eine Punktlandung. Wie umgehen mit der zunehmenden Desinformation, gesteuert über Künstliche Intelligenz, Algorithmen und soziale Medien? Übernehmen die großen TECH-Konzerne die Deutungshoheit über politische Entwicklungen, wer kontrolliert die neuen Schleusenwärter der Nachrichtenwelt? Und wer profitiert von den sich überschlagenden Ereignissen? Was ist los mit der Wahrheit? Was kostet sie? Und wieviel Lüge verträgt die Wahrheit? Was bedeutet überhaupt Wahrheit? Und wer sind die neuen Wahrheitsmanager, die uns die Wirklichkeit erklären? Diese und viele weitere Fragen kamen in Fresach zur Sprache und wurden, wenn auch nicht immer extensiv, so doch ansatzweise beantwortet. Lob für diese Wahrheitssuche kam heuer sogar vom Ballhausplatz in Wien: Die Auszeichnung mit dem Europa-Staatspreis 2024 war für uns Anerkennung und Bildungsauftrag zugleich.

Zurück zum Thema Wahrheit: Sie ist natürlich – wie Schönheit, Ethik und Moral – empirisch nicht messbar. Man kann sie mit wissenschaftlichen Methoden zu ergründen versuchen, oder emotional empfinden. Man kann ihr mit journalistischen Recherchen zu Leibe rücken, aber wohl nie ganz auf den Grund schauen. Man kann sie einfach behaupten, erfinden und die Zweifler zum Baum der Erkenntnis schicken. Daran sieht man schon, wie schwierig es ist, sie zu definieren und zu (er)fassen.

Jeder Mensch weiß, dass die Wahrheit Nuancen und Facetten hat und nicht immer einfach und klar ausgesprochen werden kann – schon allein, um sein Gegenüber nicht vor den Kopf zu stoßen, zu beleidigen oder gar gering zu schätzen. Und doch sollte jeder Mensch, der die Macht hat, Dinge zu ändern oder den Willen zur Gewissheit, auch ein Interesse daran haben, dass ihm die Wahrheit gesagt wird, sie ist schließlich – wie Treue und Verlässlichkeit – der Kitt unseres Zusammenlebens.

Meinungsverschiedenheiten, unterschiedliche Ansichten und als Wahrheit getarnte Behauptungen sind das tägliche Brot in Politik, Wirtschaft und Kultur, und selbst im Privatleben müssen wir uns ständig mit Lügengeschichten und falschen Gerüchten herumschlagen. Aber irgendwie haben wir gelernt, mit diesen Unwahrheiten umzugehen, denn Neid und Missgunst sind menschlich, sie zu durchschauen und zu parieren, eine äußere Form der Klugheit.

List, Lüge und falsche Zeugenschaft sind Teil des menschlichen Tuns und Handelns, schon in den ältesten Schriften nachzulesen. Sie sind nicht durch Gebote aus der Welt zu schaffen, nicht durch Gesetze und Regularien. Mehr noch, sie werden gepflegt und gehätschelt, in Märchen und Sagen, Büchern, TV-Serien und Social Media. Daher ist auch der „Digital Services Act", der die EU-BürgerInnen im Internet vor Unwahrheit, Desinformation und Manipulation schützen soll, nur ein weiterer (vergeblicher) Versuch der Wahrheitsfindung.

Und trotzdem – zur Wahrheit und damit Weisheit gibt es keine Alternative. Auf der Suche nach ihr müssen wir bekannte wie unbekannte Wege beschreiten und wohl auch neue Perspektiven einnehmen. Wir müssen uns anstrengen, an den Methoden und Instrumenten zur Wahrheitsfindung arbeiten, um mögliche Fehlentwicklungen zu vermeiden. Wir müssen das Wissen um die Gefahren schärfen, die immer und überall lauern, denn die Wahrheit ist weder frank noch frei, schon gar nicht gratis oder risikofrei.

In Fresach haben wir heuer den Versuch unternommen, den hehren Begriff der Wahrheit zu erforschen und ein paar unbequeme „Wahrheiten der Gegenwart" (Was ist wirklich?) zu diskutieren. Das war gar nicht so einfach und von zahlreichen Missverständnissen geprägt, aber ich glaube, es hat sich ausgezahlt, abseits der tagespolitischen Fragestellungen etwas tiefer zu schürfen und mit nicht alltäglichen Auftritten und Begegnungen aufzuwerten.

Die Fülle der Beiträge, die unterschiedlichsten Zugänge zum Thema und das gemeinsame Verständnis für eine lebens- und liebenswerte Wahrheit brachten Optimismus und Zuversicht in die Toleranzgespräche 2024. Sie trugen dazu bei, den Denk.Raum.

Fresach als lebendiges und zukunftsbestimmtes Forum zu bestärken. Das haben die vielfältigen positiven Rückmeldungen gezeigt.

Wenn man ein Fazit ziehen wollte, dann vielleicht dieses: Zahlreiche Statements wie Diskussionen behandelten die Sorge über die negativen Entwicklungen durch den zunehmenden Einsatz von KI in allen möglichen Lebensbereichen. Viele Indizien und Meldungen der jüngsten Zeit ließen darauf schließen, dass die großen TECH-Konzerne keine Scheu mehr davor haben, mit undurchsichtigen Algorithmen und selbstlernenden (machine learning) Computerprogrammen die Menschen (BürgerInnen und WählerInnen) zu entmündigen, so der Tenor der Beiträge.

Im Lesebuch gehen insbesondere Armin Thurnher, Gerd Gigerenzer und Alice Pechriggl auf diese Entwicklung ein. Ob noch mehr Regulierung oder vertiefende (Demokratie-) Bildung eine Antwort darauf ist, muss jeder und jede LeserIn für sich selbst beurteilen. Ich darf mich hier jedenfalls für die schriftlichen Beiträge bedanken, die wir von den Referentinnen und Referenten zum Gelingen der vorliegenden Nachlese erhalten haben.

Fresach, am 20. Oktober 2024

Manfred Sauer

Wahrheit als Kraft, die Augen öffnet
Eröffnungsansprache

Louise Glück wurde vor vier Jahren mit dem Nobelpreis für Literatur ausgezeichnet – „für ihre unverkennbare poetische Stimme, die mit strenger Schönheit die individuelle Existenz universell macht". Die große Autorin lebt in Cambridge, Massachusetts, und eines ihrer Gedichte aus dem Band „Winterrezepte aus dem Kollektiv" geht so:

Eine Kindergeschichte
Des Lebens auf dem Lande müde kehren König und Königin
In die Stadt zurück, die Schar der kleinen Prinzessinnen
Schaukelt hinten im Auto und singt das Lied des Seins:
Ich bin, du bist, er, sie, es ist –
Aber im Auto
Wird nicht konjugiert, o nein.
Wer kann schon von Zukunft sprechen?
Niemand weiß etwas über die Zukunft,
selbst die Prinzessinnen wissen nichts.
Doch die Prinzessinnen werden in ihr leben müssen.
Was für ein trauriger Tag es geworden ist.
Draußen vor den Scheiben treiben Kühe und Weiden davon;
Sie sehen ruhig aus, doch Ruhe ist nicht die Wahrheit,
Verzweiflung ist die Wahrheit.
Das ist, was Mutter und Vater wissen. Alle Hoffnung ist dahin.
Wir müssen zurück, wo sie verloren ging, wollen wir sie wieder finden.

Bei uns ist es gerade umgekehrt: Des Lebens in den europäischen Städten und urbanen Milieus müde, kehren wir für drei Tage aufs Land zurück, hierher nach Fresach und stimmen, wie jedes Jahr, heuer bereits zum zehnten Mal, das Lied des Seins an: Ich bin, du bist, er, sie, es ist.

Draußen auf den Wiesen grasen Kühe, und sie sehen tatsächlich ruhig aus. Das Grün der Wiesen und das Grün, das aus den Zweigen bricht, ist betörend, ja bezaubernd.

Und der Blick auf die Berge und in den Himmel erhebend. Was suchen wir hier in diesen drei Tagen? Wir suchen geistreiche und empfindsame Menschen, die begeistern, verunsichern, beflügeln. Wir suchen nachdenkliche, wache und kritische Menschen, die hinterfragen, aufwecken und aufrütteln und neue Perspektiven eröffnen. Wir suchen Konzentration. Wir suchen Erkenntnis. Wir suchen Kontemplation, vielleicht auch Ruhe vom Lärm und von der Hektik der Stadt und des beschleunigten Lebens. Wir suchen Wahrheit, und wir suchen Hoffnung.

Doch Ruhe ist nicht die Wahrheit, sagt Louise Glück. Verzweiflung ist die Wahrheit. Wie meint sie das?

Vielleicht so: Wahrheit beunruhigt, konfrontiert, schreckt auf, wühlt auf. Wahrheit ist kein Ruhekissen und kein geheimer, verborgener und gut gehüteter Gral. Wahrheit ist, wie alles Leben, wie alle Erkenntnis: Stückwerk.

Gleichzeitig ist Wahrheit auch Dynamit. Sie hat Sprengkraft, und sie kann zur tödlichen Waffe werden, wenn wir unsere Wahrheit verbissen behaupten und auf Teufel komm raus – mit aller Gewalt durchsetzen wollen.

Wie steht es mit der Wahrheit in der Kunst, und wie steht es mit der Wahrheit in der Religion? Wenn wir z.B. auf die bunten Fenster von Lisa Huber im Altarraum der evangelischen Kirche von Fresach blicken, dann leuchtet sie vielleicht heraus, dort wo sie uns berührt, bezaubert, tröstet oder die Augen öffnet.

Wenn wir an die Abschiedsreden Jesu im Johannesevangelium denken, dann heißt es dort: *Wenn aber jener – der Geist der Wahrheit – kommen wird, wird er euch in alle Wahrheit leiten.* Wahrheit wird hier als Geist verstanden, nicht im Sinne von Gespenst, sondern als Spiritus Sanctus, als angstüberwindender, befreiender und immer wieder hoffnungsstark aufbrechender heiliger Pfingstgeist.

Wahrheit ist eben ein Weg, eine Bewegung, kein Stillstand, keine Sackgasse; keine Einbahnstraße, keine Endstation.

Von einer anderen großen Dichterin dieses Landes, die sicher auch eine würdige Nobelpreisträgerin gewesen wäre, wissen wir:

Was wahr ist, streut nicht Sand in deine Augen,
was wahr ist, bitten Schlaf und Tod dir ab
als eingefleischt, von jedem Schmerz beraten, was wahr ist,
rückt den Stein von deinem Grab.

Wahrheit als Geisteskraft, die uns die Augen öffnet, Einblick und Durchblick gewährt und lebendig macht: Das wünsche ich uns in diesen drei Tagen der Europäischen Toleranzgespräche in Fresach.

Hannes Swoboda
Das wahre Europa

1) Das wahre Europa

Welches Europa – und in diesem Zusammenhang geht es meist um die Länder, die versuchen ein gemeinsames Europa zu errichten – ist das wahre Europa?

a) Das des europäischen Kolonialismus und der entsprechenden Arroganz, oftmals verbunden mit einer aggressiven Verbreitung des christlichen Glaubens?

Oder das der Aufklärung und der Suche nach wissenschaftlichen Erkenntnissen und damit nach Wahrheit?

b) Ist das wahre Europa dasjenige, für das die ehemalige deutsche Bundeskanzlerin stand, wenn sie zur Zuwanderung meinte: Das schaffen wir schon?

Oder das derjenigen, die primär Zäune errichten und sogar gut integrierte Zuwanderer ausbürgern wollen?

c) Ist das wahre Europa jenes, das seine Philosophie und Werte auf dem jüdisch-christlichen Fundament entwickelt hat?

Oder ist es das, was sich über Jahrhunderte durch die Verfolgung von Juden und Muslimen durch Christen ergab?

d) Ist das wahre Europa dasjenige, das auch den Muslimen gegenüber, etwa jenen vom Balkan, Respekt ausdrückt?

Oder ist es jenes, das die prinzipielle Feindlichkeit gegenüber Religionsangehörigen des Islam und anderer Religionen für gerecht oder sogar notwendig hält?

2) Erinnern und Stolz

Da gäbe es noch viel Kritisches über das Europa der Vergangenheit und auch manches über das Europa der Gegenwart zu sagen.

Und wir sollten uns immer der europäischen Untaten und Verbrechen erinnern, aber wir können auch mit Stolz an die Erfolge und Errungenschaften denken, und da gibt es einiges, worauf wir stolz aufbauen können. Dazu gehören auch die neue Rolle und Haltung der in Europa beheimateten Religionsgemeinschaften. Das Neue Europa braucht jedenfalls beides, das Erinnern und den Optimismus.

3) Das neue Europa
Immerhin beginnt die Politik seit dem Zweiten Weltkrieg, ein neues Europa zu schaffen. Und zwar genau, weil sie ernsthaft versucht, aus dem Europa der Kriege, des Hasses und der nationalen Vorurteile zu lernen und daraus auszubrechen.

„Nationalismus bedeutet Krieg", sagte der ehemalige französische Präsident Francois Mitterand vor dem Europäischen Parlament in einer seiner letzten Reden. Und genau gegen diesen Nationalismus wurde dieses neue Europa gegründet und soll in diesem Sinne weiterentwickelt werden.

Zum neuen Europa gehört insbesondere auch Toleranz und Respekt gegenüber den unterschiedlichen Lebensweisen und Kulturen in und außerhalb Europas. Aber das setzt – auf beiden Seiten – den Willen zum Dialog und Verständnis voraus.

4) Opfer und Täter
Das neue Europa darf jenen nicht weichen, die mit brutaler Gewalt und Aggression ihre Machtinteressen durchsetzen – ob dies nun autoritäre und diktatorische Herrscher oder terroristische Organisationen sind.

Europa muss immer für die Opfer Partei ergreifen.

Und dabei können Staaten und Bevölkerungen Opfer und Täter zugleich sein. Das macht es schwierig, aber nicht unmöglich, eine klare Haltung an den Tag zu legen.

Die Opfer müssen mit unserer Unterstützung rechnen können, und nicht die Täter.

Das neue Europa ist weder frei von Fehlern noch von Widersprüchen. Und genau das ist die Kunst, die uns in Europa gelingen muss – aus den Widersprüchen eine Gemeinsamkeit zu bilden.

5) Die Rolle von Kunst und Kultur

Das ist etwas, was gerade der Kunst oft gelingt. So meinte Daniel Barenboim in seinem Beitrag zum 200. Jahrestag der Neunten Symphonie von Ludwig von Beethoven, aus der die Europa-Hymne entstanden ist, dass diese Symphonie reich an Widersprüchen ist: „In der Musik gibt es nicht, dass man nur lacht oder weint, man lacht und weint immer gleichzeitig." Und Daniel Barenboim fügte hinzu: „Genau das ist Beethoven für mich, er schafft es, aus den Widersprüchen eine Einheit herzustellen."

Das sollte uns auch in Europa gelingen. Es geht nicht darum, unterschiedliche Lebensweisen und Kulturen gleichzumachen, zum Verschwinden zu bringen.

Das versuchen leider vielfach die sozialen Medien.

Europa blüht und gedeiht, wenn das auch die regionalen und nationalen Kulturen tun, und wenn die Kunst auf ihrer Freiheit beharrt.

Wir brauchen Kulturen und KünstlerInnen, die sich nicht von Machthabern für ihr zerstörerisches Handeln einspannen lassen, sondern im Gegenteil durch ihren Widerspruch zur Schaffung eines neuen, gemeinsamen Europas beitragen.

Wir sollten uns daher über jeden Künstler und Schriftsteller freuen, die all jenen entgegentreten, die uns durch ihre Lügen und verzerrten Darstellungen ins vergangene Jahrhundert zurückführen wollen, in ein Europa des Hasses, des Nationalismus und des Krieges. Davon hatten und haben wir genug.

Salman Rushdie, dem ich vor kurzem den Bruno Kreisky Preis für das politische Buch überreichen konnte, meinte in seinem letzten Buch „Knife" (Messer), die Kunst „hält keine Kugel auf. Ein Roman entschärft keine Bombe".

Aber: „Wir können die Wahrheit singen und die Lügner beim Namen nennen, wir können uns mit den Kameraden an der Front solidarisch erklären und ihre Stimme verstärken, indem wir unsere erheben."

Radka Denemarková

Wo Geld spricht, schweigt die Wahrheit

Ich komme aus Prag, einst eine Stadt dreier Nationalitäten, eine polemische und zeitlose Stadt, wie wir von Franz Kafka wissen. Zeitlos war und ist auch Kafkas Sicht, dass über den Nationalitäten – hier der tschechischen und der deutschen – immer die Menschheit steht. Damit provozierte er in einer Atmosphäre der gegenseitigen Verhetzung die beiden Nationalitäten in Böhmen.

Sein Verhältnis zum Deutschtum formulierte Kafka für sich als kulturelle Zugehörigkeit, schließlich war er innerhalb der deutschen Kultur erzogen worden. Max Brod nannte diese Verbindung ‚Distanzliebe‘. Das rief Feindseligkeit sowohl von deutscher als auch von jüdischer Seite hervor. Aber er war auch österreichisch erzogen, in gewissen Phasen seiner Jugend geradezu fanatischer Österreicher: Österreich war für ihn der liberalste Staat von allen ihm bekannten.

Das oft angeführte Prager Deutsch war eher die Sprache der Tschechen, wenn sie sich auf Deutsch verständigen wollten. Literarisches Deutsch war kristallklar und doch expressiv, lässt an Franz Kafka denken.

Das Prag aus Kafkas Jugend kann man nicht ohne ein paar Bemerkungen zu sprachlichen Besonderheiten betrachten. Da gab es nicht nur die Mundart, sondern auch das Eindringen einzelner tschechischer Wörter ins Deutsche und deutscher Wörter ins Tschechische. Die deutsche Literatur hatte gerade durch ihre Sprache, das Prager Deutsch, etwas Spezifisches. Im Juni 1921 schreibt Kafka aus Matliary an Max Brod, das Deutsch der jüdischen Schriftsteller sei eine „selbstquälerische Anmaßung eines fremden Besitzes, den man nicht erworben, sondern durch einen (verhältnismäßig) flüchtigen Griff gestohlen hat", so sei eine „Zigeunerliteratur" entstanden, „die das deutsche Kind aus der Wiege gestohlen hat und es in größter Eile irgendwie zugerichtet hatte, weil doch irgendjemand auf dem Seil tanzen muß".

Sein Leben lang beschäftigte er sich mit der Frage, was er eigentlich sei. Österreicher? Auch viele Tschechen waren doch stolze Österreicher der Habsburger Monarchie. Tscheche? Nein. Deutscher aus Böhmen? Prager Deutscher? Eines war ihm und ist uns bis heute klar: Die Literatur soll gegenüber jeder Erniedrigung der Menschenwürde stehen, sie kann zeigen und bestätigen, dass es unzählige Wahrnehmungsmöglichkeiten gibt, dass wir die Worte, mit denen wir denken, „abwaschen" und anders verwenden können, dass wir anders leben können, dass schöpferische Freiheit grenzenlos ist. Franz Kafka hatte recht: „Ein Buch muss die Axt sein für das gefrorene Meer in uns." In seinem Leben gibt es einen asketischen, disziplinierten Zug und eine gewisse Melancholie unter dem Panzer. Gäbe es keine Idealisten, würde niemals etwas Großes entstehen, und das Gute würde noch mehr leiden. In seinen Texten lese ich aber auch jene Naivität, die nötig ist, um Idealvorstellungen von der menschlichen Gesellschaft durchzusetzen. Sein Wunsch und sein Ziel ist nichts als die reine Wahrheit. Der Mensch kann verantwortungsvoll und gleichzeitig naiv und brutal sein.

Ich stamme aus einem Land, in dem Franz Kafka im Jahre 1989 rehabilitiert werden musste. In der Schule hat man mir zum Beispiel nie erzählt, dass vormals Tschechen und Deutsche hier Jahrhunderte lang nebeneinander gelebt haben. Vor dem Zweiten Weltkrieg lebten in Böhmen und Mähren beinahe drei Millionen Deutsche. Nach dem Zweiten Weltkrieg gewannen undifferenzierte, gehässige antideutsche Stimmungen die Oberhand. Vom Prinzip der Kollektivschuld ausgehend, vermengten sie sich auf eine absurde Weise mit dem traditionellen tschechischen Antisemitismus und fanden ihren Höhepunkt in der Vertreibung der Deutschen.

Das jüdische und deutsche Element in der Geschichte der Länder der böhmischen Krone wurde bis zum Jahre 1989 mit nationalistischen Argumenten entweder verzerrt oder ganz ignoriert. Bis in die 1990er Jahre waren die deutsch-tschechischen Beziehungen zutiefst tabuisiert. Die Deutschen waren vertrieben, die Juden tot oder im Exil. Für lange Jahrzehnte wurde jeglicher deutsche oder jüdische Beitrag zur tschechischen Kulturgeschichte praktisch verschwiegen. Durch die Vertreibung der Deutschen ist eine Atmosphäre entstanden, in der es möglich war, den politischen Gegner ohne großen Aufhebens zu beseitigen – ein Umfeld, das ein

Leben ohne Recht und außerhalb des Gesetzes möglich macht. Dies sind die moralischen Folgen der Massenvertreibung, die bis heute wirken: Wenn es möglich ist, einen Menschen dafür zu bestrafen, dass er einer bestimmten Nation angehört, dann ist es auch möglich, ihn dafür zu bestrafen, dass er einer bestimmten gesellschaftlichen Klasse oder politischen Partei angehört. In diesem Kontext hatte Kafka „Glück". Er wurde nicht in einem Konzentrationslager ermordet. Er wurde nicht vertrieben.

Für mein Leben ist die Literatur die Gesamtheit aller Formen der Tapferkeit, der Kunst, der Liebe, der Freundschaft und des Denkens, die dem Menschen erlauben, weniger Sklave zu sein. Und die Literatur so zu leben, ist die reinste Form der Liebe. Einen Roman zu schreiben ist wie den Mount Everest zu besteigen. Oder den Ärmelkanal zu durchschwimmen. Satz für Satz, Tag für Tag die Lampe hin und her zu tragen. Schreibend führen wir einen Dialog mit der Welt.

Übrigens, mein Spitzname ist Prager Schwalbe. Ich wurde während des Prager Frühlings 1968 geboren. Auch im Jahre 2024 erlebe ich den Frühling der Schwalben, die niemand auf der Welt wahrnimmt, weil sie hier sind, und wenn sie gerade nicht hier sind, warten wir auf ihr Rückkehr. Sie wissen, wann es Zeit ist, das heimatliche Nest zu verlassen, und sie wissen, wann es Zeit ist ins heimatliche Nest zurückzukehren. Hier läuft niemand vor sich weg. Sie führen ein eigenes, im Großen und Ganzen unabhängiges Leben. Die Schwalben sprechen nur in ihren Bewegungen, und zeigen, dass es keine Grenzen gibt. Es existieren keine Staaten, und es existieren keine Nationalitäten, und es existieren keine Religionen, und es existieren keine übergeordneten Geschlechter. Es ist der Ruf nach Freiheit.

In vielen Ländern erlaubt man heute nur den loyalen Literaten zu arbeiten, nicht den unabhängigen. Der künstlerische Ruf nach Freiheit ist somit nicht selbstverständlich. Literaturpreise geben daher auch Antwort auf die Frage, warum der Mensch sich eigentlich bemüht, verantwortlich zu handeln.

Ich war zwei Jahre lang in China, wo ich den Roman „Stunden aus Blei" (den ich in Graz als Grazer Stadtschreiberin beendet habe) geschrieben habe, was zu einem lebenslangen Einreiseverbot geführt hat. In China, wo die Wirtschaft beständig wächst – aber ohne Menschenrechte – vermengen sich die schlimmsten Auswüchse des Kapitalismus und mit denen des Kommunismus. China zeigt, dass Kapitalismus und Totalitarismus einander nicht ausschließen, sondern eine eigentümlich perfekte Symbiose eingehen können. Hier grenzenloses Wachstum, dort grenzenlose Überwachung – und die Freiheit gerät unter die Räder. Ja, dazu passt, dass vielen Menschen heute das chinesische Modell imponiert: ein wirtschaftlich erfolgreicher Polizeistaat, der Wohlstand verspricht. Die Macht verrät heute unabsichtlich wieder ihre ureigenste Intention: das Leben total gleichförmig zu machen, und alles nur ein wenig Unabhängige, Abweichende, Eigenwillige oder nicht Einzuordnende herauszuoperieren, zu entfernen.

Aber man muss seinen eigenen Weg gehen. Als meine Freundin in Berlin in eine neue Wohnung zog, ging sie in einen Blumenladen. „Und woher kommen Sie? Aus Frankreich?" – „Nein, aus Rumänien." – „ Ach so, machen Sie sich nichts draus." Ich erlebe dieselben Reaktionen. „Und woher kommen Sie?" – „Aus Osteuropa? Ach so, machen Sie sich nichts draus."

Ein solches Sortieren von Menschen und Völkern nach ihrer Herkunft bringen die Erwachsenen den Kindern zuhause und in der Schule bei, dieser Teufelskreis wird nie durchbrochen. Es liegt in der Natur des Menschen, dass er seine Wahrnehmung der Welt als die einzig mögliche und richtige sieht. Die Diktaturen sind daher nicht verschwunden. Diktatur herrscht in Firmen, Familien, Beziehungen. In den Beziehungen zwischen Ländern.

Die Begriffe „kollektive Schuld" und „kollektiver Sieg" sind monströs. Und der Nationalismus nimmt heute noch monströsere Formen an, weil er nur eine Frage ausspuckt: „Und woher kommen Sie?" Stellen wir uns eine andere, wichtigere Frage: „Wer sind wir?" Es geht nur darum, durchzuhalten. Es ist doch immer wieder so: Das Maß unserer provokativen Hoffnung ist das Maß unserer Fähigkeit, uns um etwas zu bemühen, weil es moralisch ist, und nicht nur, weil es garantiert Erfolg hat.

Für Intellektuelle wie z.B. Susan Sontag waren Thomas Mann und Franz Kafka große Erscheinungen, die europäische Kultur gehörte zu den Quellen aller Kultur. Aus diesem Blickwinkel sah Sontag Amerika als eine europäische Kolonie an. Heute ist das alles anders. Aber eines bleibt: Das Problem des zwanzigsten Jahrhunderts ist das Problem der Opfer. Die Illusion, dass das Unglück den Menschen vermenschlicht hat, zerbricht definitiv. Ich höre das Gezwitscher der Schwalben. Gespreizte Schwänzchen kreisen im Frühling über Prag, wo Franz Kafka lebte. Die Sprache macht es unmöglich, die Wahrheit zu sagen, auch wenn sie nicht lügt. Die Worte reichen an eine bestimmte Grenze, die Worte dienen dem Intellekt. Wie übersetzt man eine verlebte Sekunde. Für Gefühle, Schattierungen des Unterbewusstseins, die Intuition, die Körpersprache sind die Worte zu kurz und knirschen mit der Ohnmacht der Zähne. Als meine Tochter Ester sechs Jahre alt war, nahm sie mein Buch „Ein herrlicher Flecken Erde" in die Hand.

„Das hast du geschrieben?"

„Ja."

„Du bist meine Mutter!"

Und sie umarmte mich. Ich war so überrascht, dass ich vor das Haus treten, den Sternenhimmel anschauen und den kühlen Schnee anfassen musste. Man nennt es gerührt sein. Es kommt ein Augenblick im Leben, vom Schicksal bestimmt, dem man nicht entgehen kann und in dem alles bezweifelt wird. Nicht das Kind. Das Kind wird nie bezweifelt. Und der Zweifel weitet sich aus. Dieser Zweifel ist allein, ein Zweifel der Einsamkeit. Ich glaube, dass viele Menschen das, was ich jetzt sage, nicht ertragen und am liebsten davonlaufen würden. Vielleicht gerade deshalb ist nicht jeder Mensch ein Schriftsteller geworden. Literatur ist spezifische Kunst. Diese Art von authentischem, unsentimentalem Humanismus ist heute von großer Bedeutung. Da leben auch die Begriffe wie Vertrauen, Kreativität, Mitgefühl, Barmherzigkeit, was in der modernen, leistungsorientierten Gesellschaft ansonsten fast als Selbstmord betrachtet wird. Eine Oase der Moral, die sich aus der Tatsache ergibt, dass wir am Leben sind und diesen Planeten mit anderen teilen. Die Schwalben auf den Telegrafenmasten formieren sich nicht neu, solche Szenen aus dem Leben der Menschen sehen sie schon jahrhundertelang überall auf der Welt, es überrascht sie nicht. Die Schwalben umfliegen die Welt, und nur bei uns finden sie Massenmord. Der Mensch ist das einzige Wesen, das nicht an seine eigene Gemeinschaft angepasst ist. Die Schwalben fliegen, und jahrhundertelang erzählen sie sich vom Meer der Menschenkörper dort unten.

Wir brauchen jetzt kühle Köpfe, einen klaren Verstand, kreatives Denken und den Schutz der Menschenrechte, denn wo das Geld spricht, schweigt die Wahrheit. Und die Wahrheit ist heute so sehr verdunkelt und die Lüge so weit verbreitet, dass man die Wahrheit nicht erkennen kann, wenn man sie nicht liebt. Aber die Wahrheit, Demokratie und Menschenrechte sind das Kostbarste, was wir haben. Ja, schließlich gibt es wirklich nur eine einzige Grenze: die Grenze zwischen einem Menschen und dem anderen. Ich drücke uns allen die Daumen. Wir machen einfach weiter.

* Der Text ist ein gekürzter Auszug der Rede, die Radka Denemarková aus Anlass der Kafka-Preisverleihung am 14. Juni in Klosterneuburg gehalten hat. Auch beim Eröffnungsgespräch der diesjährigen Toleranzpreisträgerin mit Renata Schmidtkunz (ORF) in Villach am 15. Mai stand die Nationalitätenfrage (Europa und seine Feinde) im Mittelpunkt. Das Gespräch kann auf Youtube nachgeschaut werden. https://www.youtube.com/watch?v=YaNI7zWPcrw&t=6s

Evelyn Bubich
Alles rot – Oder was ist los
mit der Wahrheit?

Ein früher Morgen im Mai. Ich bin vier Jahre alt. Ich nehme
Mutters Lippenstift aus dem beigevergilbten Alibert mit den abge-
nützten Kanten im kleinen Badezimmer zwischen Kinderdaumen
und Zeigefinger und beginne, die ölig schmierige Farbe in meinem
Gesicht zu verteilen. Es kostet mich Geduld, es kostet mich Mühe,
es handelt sich um Feinstarbeit, eine Tüftelei, aber ich bin geschickt,
ganz akkurat gehe ich vor, ganz vorsichtig. Mund- und Augenpartie
bleiben fein säuberlich ausgespart. Das Gesicht im Spiegel mein
Ausmalbild mit klaren Konturen. Und dann – endlich: Alles rot. Ein
kleines rotes Gespenst grinst mich an. Ein Gespenst? Doch ich habe
keine Angst davor – ich bin stolz. Ganz glüh- und sprühfarbig geh
ich zum Schrank, hole Mutters froschgrünes Sakko heraus, doch
damit das gelingt, muss ich erst auf das Schrankbrett klettern, meine
kurzen Ärmchen reichen sonst gar nicht dorthin, wo ich es endlich
vom Bügel lupfen kann.

Schultern, Rumpf, Arme, Beinchen, alles verliert sich jetzt in
Mutters geheimnisvollem Körperzelt, die Ärmel baumeln lose
herab.

An diesem frühen Maimorgen sieht Mutter dasselbe rote
Gesicht, wie ich es im Spiegel betrachten kann, doch sie empfindet
– zumindest im ersten Moment, und davon wird sie mir erst viel
später erzählen – etwas ganz anderes dabei. Sie sieht: Ihr Kind,
das sich mit heißem Wasser das Gesicht verbrüht hat, das grüne
Superheldinnenkostüm fällt ihr erst gar nicht auf. Meine Phantasie
verschlingt in diesem Moment Mutters Realität. Sie fällt einer
Täuschung anheim. Ich sehe: meine Superkraft. Ich bin jetzt rote
Superheldin mit grünem Cape, Abrakadabra, und schon kann ich
fliegen. Mit lauten Geräuschen mach' ich mich auf den Flug. Mutter
direkt in die Arme. Die sie sofort nach mir ausstreckt, als wäre
etwas Ungeheuerliches geschehen. Ich sehe in ihr angstverzerrtes
Gesicht, Bestürzung zeichnet sich in groben schwarzen Linien ab,
das Muttergesicht sieht jetzt anders aus als sonst, gar nicht mehr

sanft. Ein Tosen entfährt unseren beiden Mündern, auch Mutter stößt ihr Unbehagen aus – bis sie ihren glücklichen Irrtum bemerkt, doch bis dahin – die Erwachsenen erwarten immer das Schlimmste.

Kinderaugen nehmen anders wahr als Mutteraugen. Keine Neuigkeit. Eine Wahrheit. Meine und Mutters Wirklichkeit sind jetzt ganz und gar entwirklicht voneinander. Die Fäden, die unsere Stoffe zusammenhalten sollen, folgen nicht demselben Nahtmuster. Was für mich nur ein Spiel, ist für Mutter ein kurzer Albtraum, den sie aber für die Realität hält.

Die Wirklichkeit und ihre Farben betrachten wir subjektiv, ähnlich Vexierbildern. Arcimboldos Luft aus vier Elementen, seinen Herbst aus Vier Jahreszeiten. Mein feuerrotes Gesicht: das einer Superheldin aus einer fantastischen Welt? Oder zerstörte Menschenhaut?

Es ist wahr. Hier prallen Wirklichkeiten aneinander. Korrelieren oder bedingen sich oder schließen sich gegenseitig aus. Doch was passiert, wenn wir Wirklichkeiten oder Phantasien mit der Wahrheit verwechseln? Was ist die Wahrheit, die alles zusammenhält?

Wenn wir die Subjektivität von Wirklichkeiten und unsere Fähigkeit der Phantasie mit Wahrheit verwechseln, wirft das auch die Frage auf, wie genau wir zwischen Wirklichkeit und Wahrheit überhaupt unterscheiden können. Wie viel Vertrauen sollen wir dem Phantasiekasten in unserem Gehirn denn entgegenbringen? Wie vertrauenswürdig ist der überhaupt?

Phantasie zimmert ja nicht nur die Welt der Superwesen für uns zusammen und lässt uns in sie hineinschlüpfen. Oder erschafft neue Welten – die künstlerische ist nur eine davon. Die Phantasie hilft uns auch zu entscheiden – und uns zurechtzufinden.

Und in der Phantasie eines Kindes, seinem magischen Denken, seiner Neugier, die Welt zu betrachten und sie zu erkunden, liegt auch: der Sanftmut der Wahrheit.

Und die Wahrheit selbst? Sie ist nicht verhandelbar, genauso wenig wie die Schwerkraft. Die menschengemachte Klimakrise. Putins Terrorregime. Oder dass eine blaue Parteifarbe nichts mit der grenzenlosen Freiheit des Himmels zu tun hat.

Wird die Phantasie, also die Vorstellungskraft manipuliert, kann sie sich auch so weit von der Realität entfernen, dass es gefährlich wird. Besonders dann, wenn ein Mangel an Wissen besteht. Ein Mangel an Wahrheit begünstigt: Alternative Fakten, Verschwörungstheorien, Junk Science, Geschichtsrevisionismus, Wissenschaftsskepsis, Propaganda.

Wiederum eine Wahrheit: Es ist die Agnotologie, die sich mit der bewussten und gezielten Verbreitung von Unwissen beschäftigt. Meine Wahrheit ist nicht deine Wahrheit! Wieso? *Der Mensch besteht aus Knochen, Fleisch, Blut, Speichel, Zellen und Eitelkeit.* Diesem Kurt-Tucholsky-Zitat kann wohl niemand widersprechen.

Und: Wahrheiten werfen Schatten: auch eine Wahrheit. Wieder ein Bild aus der Kindheit: Ich bin zwölf Jahre alt. Die Flasche dreht sich nicht von allein. Ja, die Wahrheit kann auch unangenehm sein. Mit Phantasie lassen sich Dystopien ausmalen. Wie viel Wahrheit stecken wir hinein?

Die Welt wird aus der Perspektive des Menschen betrachtet. Es ist berechtigt, dass es uns unruhig macht, es könnte einmal nicht mehr so sein – weil künstliche Intelligenz Bewusstsein entwickelt haben könnte. Aus welcher Perspektive wird dann betrachtet? Was geschieht dann mit der Wahrheit?

Oft genug bekommt die Wahrheit Risse, eckt an, franst aus, glänzt uns etwas vor, und dabei ist es doch nur ihre Verkehrung, die da glänzt, unter dem schimmernden Lack ein mattes Gespenst. Der Betrug an der Wahrheit hat Hochkonjunktur, der Versuch, sie zu demolieren, Kerben in sie zu schlagen.

Die Wahrheit wird bedroht, Furchen mäandern über ihr Gesicht, sie geifert mich an, mit diesen Ungeheueraugen, dem dämonenhaften Blick. Ich habe Angst, wenn sie mit aller Gewalt ihrer Motoren durch mich hindurchrauscht, meine Kraft raubt. Die Wahrheit wirft auch Schatten. Das Blut der Bilder aus dem Krieg, eine Frau, die von einer Bank gefallen ist. Angst beschleicht mich: verbrannte Haut und Blut. Alles rot.

Eine Wahrheit: Etwas Ungeheuerliches geschieht: Die liberale Demokratie ist bedroht. Europa. Die Wahrheit, von der wir sprechen, ist kein Gespenst, das beliebig Gestalt und Farbe annehmen kann. Die Wahrheit ist keine Verkleidung.

Und ich stehe nicht mehr vor dem Spiegel und glaube an die Superkräfte von roter Zauberfarbe und grünem Flugumhang. Ein rotes Gesicht verbinde ich heute oft – wie meine Mutter damals – mit Angst. Mit Hilflosigkeit. Wut. Tod. Meine Phantasie stößt zunehmend oft an Grenzen. Ich schotte mich ab, vertraue nicht – habe Angst.

Die Wahrheit löst Unbehagen in mir aus. Um mit den Worten Simone Weils zu sprechen: Es ist die Schwerkraft der Begegnung, die mich lähmt. Die Begegnung mit der Wahrheit. Naturgesetz trifft auf persönliche Wirklichkeit.

Heute, an diesem Maimorgen, dem internationalen Tag des friedlichen Zusammenlebens, möchte ich die Schwerkraft ablegen, möchte die Phantasie meine Superheldin feiern, die Wahrheit im Guten wahren, gegen die Ungeheuer dieser Welt wahre Sätze finden.

Eine kleine weiße Fluse findet durch das Zimmerfenster herein, Pappelflaum gleitet durch den Raum und wirft kleine Schatten auf die Seiten meines Notizbuchs. Und ich frage mich, sind die Schatten weniger wahr als das Fasergeflecht, das jetzt zwischen meinem Daumen und Zeigefinger zur Ruhe kommt?

Armin Thurnher
Die ganze Wahrheit
Perspektiven für eine europäische Medienordnung

Ankündigungen meiner Auftritte lese ich gern. So eine Ankündigung wirkt auf mich. Ich werde gebeten, etwas anzukündigen, was dann in Programmvorschauen publiziert wird, worauf ich mich entschließe, etwas anderes zu sagen. Nein, im Ernst: Ich mag die Wirkung einer Ankündigung vor allem, weil ich Wirkungslosigkeit gewohnt bin. In einer Branche, in der zunehmend alles auf Wirkung angelegt ist, stellt es bereits eine Geste des Widerstands dar, sich um Wirkung NICHT zu kümmern.

Vielleicht könnte man sagen: Wo alles auf Wirkung angelegt ist, haben die Wirkungslosen Chancen, gehört zu werden. Aber ich fürchte, das ist nur eine Folge meiner katholischen Erziehung und meiner ästhetischen Flausen. Oder die Selbsttröstung des Fuchses über zu hoch hängende Trauben. Ob gewollt oder nicht, alles was ich sage, hat die edle Aura absoluter Wirkungslosigkeit.

Ich nenne Ihnen ein paar Beispiele:

• Ich halte die österreichische Art der Medienförderung für eine in Gesetzesform gegossene Art der Schutzgelderpressung.

• Ich halte es für einen demokratiepolitischen Skandal, dass alle österreichischen Regierungen seit Bruno Kreisky den öffentlich-rechtlichen Rundfunk für parteipolitische Zwecke missbrauchen.

• Ich halte es für eine Kulturschande, dass das führende ORF-Personal nicht erkennt, worum es bei diesem Sender geht, und ihn deshalb systematisch ruiniert.

• Ich halte die Einstellung der Printausgabe der am längsten erscheinenden Tageszeitung der Welt, der Wiener Zeitung, für einen Akt der Barbarei.

• Ich finde es vollkommen jenseitig, dass unsere Regierenden nicht einmal ansatzweise erkennen, worum es bei der heutigen Medienfrage geht: nämlich um die Existenz der Demokratie, und dass sie dieser Ignoranz gemäß in allem verfahren.

• Noch jenseitiger finde ich nur den begründeten Verdacht, dass unsere Regierenden nicht aus Ignoranz handeln, sondern in böser

Absicht: um die demokratischen Hemmnisse einer rechtslibertären Utopie eines starken digitalen Staates zu beseitigen. Dieser Staat soll nur stark sein, um den Weltmarkt für die Tech-Giganten günstig zu gestalten. Einer gelenkten Autokratie, die mit Social Engineering imstande ist, die Gesellschaft zu steuern und dabei Demokratie zu simulieren.

Lassen Sie mich zuerst noch anekdotisch bleiben.

Als die zuständige Ministerin Susanne Raab ihr Mediengesetz „reformierte", gab es Runden von sogenannten Experten, die vor allem aus Pfründnern bestanden, die dort in eigener Sache lobbyierten. Zu meiner Überraschung war auch ich eingeladen, ging ins Ministerium, deponierte einige meiner dort als höchst exotisch empfundenen Ansichten, blickte in die faszinierend weit aufgerissenen Augen der Ministerin, enthielt mich nicht nur des Lobbyismus, sondern tadelte ihn kräftig und wurde, obgleich es versprochen und zugesagt war, nie mehr zu solchen Runden eingeladen.

Andererseits – haben nicht gerade Sie in Fresach mich eingeladen, zum Thema „Wahrheit und Medien" zu sprechen? Und häufen sich nicht zur Zeit Einladungen zu diesem Thema in meinem Kalender?

Ich hätte meinen Beruf verfehlt, würde ich die Wirkung öffentlicher Symbole unterschätzen; andererseits ergibt eben die Überprüfung der öffentlichen Realität ein ernüchterndes Bild. Dennoch, hier sprechen zu dürfen, betrachte ich als Anerkennung meiner fortgesetzten kritischen Tätigkeit, und ich danke den Veranstaltern für die Gelegenheit, meine Wirkungslosigkeit wieder einmal öffentlich unter Beweis zu stellen.

Ich spreche in diesen Tagen auf Panels, vor Lehrern und vor Schülern, vor Festwochenpublikum und eben vor Ihnen zum Thema Demokratie und Medien;

es gibt mehrere Initiativen, zum Beispiel zur Rettung des ORF;

es gibt Bürger wie Max Schrems, der mit seinen Klagen gegen Tech-Konzerne EU-Regulative beeinflusst;

es gibt Organisationen wie Reporter ohne Grenzen, die weltweit Probleme von Medien und Demokratie thematisieren;

es gibt die EU selbst, die legistisch teilweise gegen die fatale Entwicklung hält.

Jedoch muss man mit Bezug auf die digitalen Medien ein Wort von Karl Kraus aktualisieren: Die digitalen Medien haben keine Auswüchse, sie sind einer.

*

Meine Damen und Herren,
es stimmt natürlich keineswegs, dass ich wirkungslos bin. Ich habe mit anderen den Falter in die Welt gebracht, und der ist allen Trends trotzend eines der wenigen ökonomisch und inhaltlich erfolgreichen Printmedien und eine weiterhin wachsende Zeitschrift und ein ebensolches Medienkleinkonglomerat.

Medienkritik war ein Gründungsimpuls der Zeitschrift Falter, wenngleich Medienkritik damals, vor genau 47 Jahren, bestenfalls als Kollegenschelte galt. Mir schien immer, wer mit Medien umgeht, muss kritisch mit ihnen umgehen, oder er kommt in ihnen um.

Auch scheint mir, dass die Gemeinde der Wirkungslosen wächst, und ich frage mich, wann jene kritische Mase erreicht ist, wo deren Empörung beginnt, ihrerseits Wirkung zu entfalten.

Ich behaupte, was direkt und plump auf Wirkung abstellt, wird diese verfehlen. Wirkung ist oft nicht kalkulierbar; Politik, die sich dem Prinzip Wirkung verschrieben hat, aber vergessen hat, wofür sie wirken will, wird nichts erreichen.

Wie zum Beispiel die sogenannte Leitkulturdebatte zeigt, die nur der machterhaltenden Wirkung willen angestoßen wurde, hinter der aber nichts steht, was in irgendeiner Weise kulturell tragfähig wäre, geschweige denn etwas sozial Zündendes, etwas Ergreifendes, oder gar etwas Visionäres.

Lassen wir unsere politischen Parteien kurz medienpolitisch Revue passieren.

Das, was man einst konservative oder bürgerliche rechte Mitte nannte, bedient sich ausgebrannter Spindoctoren, die versuchen, mit ihren aus den USA imitierten Rezepten Wirkung hervorzurufen. Das Ergebnis kann nur ein Desaster sein. Solche sogenannten bürgerlichen Politiker kommen mir vor wie Schützen, die nicht mit Kugeln schießen, sondern mit Juckpulver.

Vor allem hat diese scheineffiziente Art der Öffentlichkeitsarbeit gegen Destruktivität keine Chance. Die politische Destruktivität hat ein Ziel, aus dem sie ihre Wirkungsenergie bezieht: die Zerstörung der Demokratie. Die müde gewordenen Bürgerlichen haben keinen Begriff mehr von Europa, der erschöpft sich im gemeinsamen Markt und endet dort, wo man den krachledernen Nationalismus für seine Wirkungen zu brauchen meint. Man beabsichtigt Wirkung und bleibt gerade deshalb wirkungslos. Es ist, als hätten diese Leute vergessen, wie man kulturelle und damit politische Hegemonie erringt.

Die faschistische Rechte hingegen hat ihr Schlagwort in einem fernen Feind gefunden: in den, wie sie sagt, „Horkheimers und Adornos". Gemeint sind die beiden jüdischen Intellektuellen Max Horkheimer und Theodor W. Adorno, die mit ihren Werken den postnationalsozialistischen Diskurs der Bundesrepublik Deutschland prägten und die 1968er Bewegung beeinflusst haben. Sie stehen für eine Neuformulierung der Aufklärung und eine Kontinuität kritischen Denkens, welche die Nazis mit Gewalt unterbrochen hatten. Die Chiffre „die Horkheimers und Adornos", wütend in Diskussionsrunden vorgebracht und auf Plätzen und in Wahlversammlungen gebellt, bedeutet nichts anderes als die Aufforderung, die Re-Education, die Entnazifizierung rückgängig zu machen und zu einem renationalisierten Führerstaat zurückzukehren.

Die bürgerliche rechte Mitte hat dem nichts entgegenzusetzen. Sie grenzt sich von denen, die so reden, nicht nur nicht ab, sie koaliert sogar mit ihnen und wenn nicht, versucht sie deren Reden selbst in vermeintlich verharmlosender Form zu imitieren und merkt nicht, wie sie dabei scheitert und nur die Ideen der faschistischen Rechten stärkt.

Gewiss gibt es an bürgerlichen Varianten auch den ehrenwerten Liberalismus der Neos. Die Idee, dass nur mehr Wettbewerb bessere, demokratieförderlichere Medien hervorbringe, ist bestenfalls naiv. Schlimmstenfalls handelt es sich um nützliche Idioten des Neoliberalismus, die nicht verstanden haben, dass dieser keinen starken Markt, sondern einen in die Oligopole der kapitalbesitzenden Schichten investierenden Staat will. Silicon Valley und das Internet sind eine Schöpfung staatlich-militärischer Investitionen. Google

Ex-Chef Eric Schmitt fordert den US-Staat soeben auf, die Trillionen an Investitionen, die AI-Guru Sam Altmann fordert, zu verdoppeln und wieder als Investor aufzutreten wie beim Manhattan-Projekt und beim Silicon Valley.

Und es gibt die ökologisch getriebenen Grünen, die es nicht geschafft haben, sich ihrem Zwiespalt zu entziehen: sind sie ökologisierte Linke oder umweltbewusste Bürger? Sie haben keinen neuen Begriff gefunden, diese beiden Stränge zu versöhnen und schlagen sich aus Verzweiflung auf die Seite der hilflosen Wirkungspolitik. Vielleicht muss man ihre neueste Affäre so verstehen. In Mediendingen sind sie die größte Enttäuschung: Sie stellen den Vorsitzenden des ORF-Stiftungsrats, und sind nicht imstande, zu artikulieren, was öffentlich-rechtlich in diesen Zeiten zu bedeuten hat. Und sie haben die Einstellung der Wiener Zeitung im Zeichen eines progressiv missverstandenen Digitalismus führend mitbetrieben.

Um das österreichische Drama zu komplettieren: Die politische Linke hat kein Interesse an Medienfragen. Sie hat sich zu sehr kompromittiert. Sie entkommt nicht ihrer historischen Schuld, aus Mangel an mit ihr sympathisierenden Medieneigentümern das Prinzip der Medienkorruption durch Regierungsinserate befeuert zu haben. Es blieb das Privileg der Regierung Kurz, dieses von der Sozialdemokratie etablierte Prinzip radikalisiert zu haben.

Die Kommunisten profitieren von der persönlichen Glaubwürdigkeit ihrer Kandidatinnen und Kandidaten und einem ethischen Prinzip, das man franziskanisch nennen könnte; weltanschaulich bleiben sie stumm wie eine Erinnerungslücke.

Um auch sie zu nennen: Die Spaßkandidaten sind die auf die absurde Spitze getriebene Konsequenz einer weltanschauungslosen Politik, die nur auf Wirkung oder Destruktivität abzielt.

Insgesamt bietet sich das Bild einer desolaten polit-medialen Öffentlichkeit, einer Gesellschaft, unfähig sich zu verteidigen, üppig Angriffsflächen bietend dem Feind aus den eigenen Reihen. Eine Demokratie, in der die Kälber ihre Metzger mästen. Eine Demokratie, die in großen Teilen Europa als den Außenfeind markiert, statt die Rettung zu erkennen, die eine europäische Gemeinschaft bieten könnte, solange diese – die im großen Maßstab zwar an ähnlichen Problemen leidet, jedoch auch Lösungen und Alternativen bereithält – nicht selbst nationalistisch unterwandert und zerstört wird.

*

Meine Damen und Herren,

beim Thema Medien erleben wir den Triumph des Prinzips Wirkung sozusagen in digitaler Unreinkultur. Denn das Ergebnis der totalen Wirkung, der Wirkung als Prinzip ist Entwirklichung, Desinformation, Verwirrung. Ich behaupte, das Prinzip Wirkung ist in gewisser Weise das Unheilsprinzip der Medien. Dieses Unheilsprinzip heißt Werbung. Werbung hat eine ganz bestimmte Absicht, nämlich ein Produkt bekannt zu machen, um es zu verkaufen. Wie diese Wirkung erreicht wird, und welcher Mittel man sich zu diesem Zweck bedient, ist der Werbung egal.

Man kann die Geschichte der analogen Medien als eine Geschichte der üblen Wirkung von Werbung erzählen, und davon, wie Medien versuchten, sich dieser Wirkung gegenüber neutral zu verhalten oder sich ihr zu entziehen.

Früh wurde die unheilvolle Wirkung der Werbung erkannt. Als Mitte des 19. Jahrhunderts das adelige Privileg der Werbung fiel und sich die Werbung kommerzialisierte und industrialisierte, konstatierten Kritiker wie der Sozialist Ferdinand Lassalle schon 1863: „Von Stunde an wurden also die Zeitungen nicht nur zu einem ganz gemeinen, ordinären Geldgeschäfte, wie jedes andere auch, sondern zu einem viel schlimmeren, zu einem durch und durch heuchlerischen Geschäfte, welches unter dem Scheine des Kampfes für große Ideen und für das Wohl des Volkes betrieben wird."

Die Werbung lieferte nach der Jahrhundertwende korrupten Medien die Organisationsform für Erpressung und Börsenschwindel; so manche Zeitungsherausgeber schreckten nicht einmal davor zurück, Kriegstreiberei als Werbung für ihre Produkte einzusetzen.

In neuerer Zeit wurde Werbung immer gestaltungsmächtiger, sodass sich Zeitungen, Zeitschriften und audiovisuelle Medien geradezu nach dem Ziel und den sogenannten Zielgruppen definierten, die sie der Werbung boten. Das zeigte einen ersten

Paradigmenwandel; das Mittel Medium war zum Zweck geworden, zum Zweck der Aufmerksamkeitsbeschaffung.

*

Der zweite Paradigmenwandel geschah in dem Augenblick, als die digitale Aufmerksamkeitsindustrie, also die Tech-Giganten des Silicon Valley, darauf setzten, sich nicht durch Mitgliedsbeiträge, sondern durch Werbung zu finanzieren. Google traf 2002 diese Entscheidung.

Die sogenannten Social-Media-Plattformen wurden zu riesigen Werbemaschinen, die ihre gewaltigen Datensammlungen dazu nützen, sogenannte User, deren Präferenzen sie ja genau kannten, direkt und persönlich anzusprechen und zu steuern. Die analogen Medien konnten da nicht mithalten, sie verloren Werbegelder in dramatischem Ausmaß, ihre Finanzierungsbasis brach weg.

Der Effekt war mehrfach fatal. Die Medien sparten wie üblich am falschen Platz: beim redaktionellen Personal. Die Folge: weiterer Qualitätsverlust, weiterer Abstieg.

Öffentliche Gelder wurden bei der Finanzierung dieser Medien proportional immer wichtiger; eine moralisch ungefestigte (wenn nicht schlimmeres, wir kommen noch darauf zurück) Politik nützte den Hebel des Schutzgelderpressergeschäfts für sich: „Wer zahlt, schafft an", lautet ein legendärer Chat-Satz – demgegenüber steht die Erpresser-Macht der Medien, jemanden „hinunterzuschreiben".

*

Auf diesem Niveau bewegt sich der österreichische medialpolitische Komplex.

Die Misere wird durch einen Umstand verschärft. Der öffentlich-rechtliche Rundfunk ist das mächtigste Medium im Land, und wenn sie ihn beherrscht, glaubt die Politik, kann sie allen medialen Entwicklungen gegensteuern.

Was aber, wenn sich große Teile der Bevölkerung, vor allem der jüngeren Menschen, gar nicht mehr über Printmedien und audiovisuelle Medien informieren?

Dann haben wir ein bedrohliches Szenario vor Augen: Medien, so die Realfiktion, garantieren das Funktionieren der Demokratie.

Sie stellen sozusagen eine Ausweitung der antiken Agora dar, die in der Massengesellschaft multipliziert werden muss. In dieser Arena beziehen sich alle auf das Gleiche, in Rede und Widerrede werden Argumente abgewogen und eingeschätzt, sodass man am Ende zumindest meinen kann, man habe das Fundament für eine Entscheidung öffentlich gemacht, die man demokratisch nennen kann.

Was aber wird aus dieser Arena im digitalen Zeitalter? Alle Informationen werden von Algorithmen gesteuert, die über Daten und Interessen der Angesprochenen bestens Bescheid wissen. Keineswegs bekommen alle Bürgerinnen und Bürger das gleiche Menü. Es ist nicht mehr eine Öffentlichkeit von Gleichen, es ist eine Ansammlung von Zielgruppen, die informiert werden, aber ohne das wesentliche demokratische Merkmal der Transparenz: Sie wissen nicht, was die anderen wissen.

Eine schwankende Zielgruppe kann etwa zugunsten eines rechtsextremen Kandidaten von der Urne ferngehalten, eine andere zu ihr hingetrieben werden. Desinformation oder gezielte Information können so nicht mehr eingeschätzt oder überprüft werden.

Eine irregeleitete Community macht Druck gegen die sogenannten Gatekeeper der analogen Medien, und damit auch gleich gegen die erprobten Funktionsweisen des redaktionellen Journalismus. Bei aller berechtigter Kritik an den Exzessen und Auswüchsen der Medien und am phrasenhaften, werbegeleiteten Journalismus besorgen jene, die eine neue kommunikative Welt heraufkommen sehen, in Wirklichkeit das Geschäft der Tech-Konzerne. Diese Fortschrittsoptimisten und Tech-Gläubigen reden von Liquid Democracy und schütten das demokratische Kind mit dem Bad aus.

Um endlich auch einmal das Motto-Wort dieser Veranstaltung zu bemühen: Wir reden hier von der Wahrheit.

Auf Medien bezogen kann das nur heißen: Wir reden von Öffentlichkeit, also jener nebulosen und sowohl begrifflich als auch real umstrittenen Sphäre, in der das verhandelt wird, was wir als wahr ansehen wollen oder sollen, und zwar nicht aufgrund individueller Flausen, sondern aufgrund eines demokratisch beglaubigten Prozesses oder Verfahrens, das feststellen soll, was der

Wahrheit nahekommt. Dieser Prozess beinhaltet das verantwortliche Verhalten von Medium und Publikum zueinander.

Aus kommerziellen und ideologischen Gründen hat die Clinton-Regierung 1996 mit der Section 230 ihres Kommunikationsgesetzes das unverantwortliche Handeln der Plattformen zum Gesetz erhoben: Sie sind – das regelt diese Section 230 – demzufolge nicht verantwortlich für Inhalte, die sie publizieren. Der Rechtsstaat wurde damit für die Tech-Konzerne außer Kraft gesetzt, auch im Interesse amerikanischer Hegemonialpolitik. Es ging dabei um kommerzielle, kommunikative Macht, um Soft Power.

Mittlerweile befestigt diese Soft Power zwar die US-Hegemonie, aber sie greift das Fundament ihrer Demokratie an. Die Verantwortungslosigkeit der Tech-Plattformen hat zu unglaublichen Anhäufungen von Daten und in der Folge von Geld und Macht geführt. Die größten Konzerne der Welt sind – wie Sie wissen – allesamt Tech-Konzerne.

Deren verantwortungslose, digital atomisierte, von intransparenten Algorithmen getaktete Kommunikation wurde politisch missbraucht, um eine rechtslibertäre, neo-straussianische, evangelikal getönte Rechte an die Macht zu bringen, deren Galionsfigur Donald Trump darstellt, der Inbegriff der politischen Lüge und des nackten Eigeninteresses, die er beide nicht einmal mehr zu verschleiern braucht. Mit einem Wort: Die neuen, von digitaler Werbewirksamkeit durchdrungenen Kommunikationsverhältnisse hebeln die Demokratie von einem Ort an aus, von dem wir gewohnt waren zu denken, dass er sie schützt.

Und unsere polit-mediale Kaste zeigt sich davon nicht nur unbeeindruckt, sie macht dabei auch noch mit, sei es aus Ignoranz oder Bosheit. Der kommunikativ nach wie vor einflussreiche Ex-Kanzler Sebastian Kurz wird vom Straussianer Peter Thiel bezahlt.

Wir müssen endlich verstehen: Wir sind in der Phase eines fundamentalen, weltweiten Angriffs auf das Menschenrecht der Meinungsfreiheit. Die Tech-Konzerne wollen das Grundprinzip demokratischer Medien außer Kraft setzen.

*

Meine Damen und Herren,

vielleicht ist Ihnen aufgefallen, dass ich über die Ankündigung eines Vortrags bis jetzt kaum hinausgekommen bin. Und schon ruft die Zeit, aus dem Vortrag wieder hinauszukommen. Die in der Ankündigung versprochene „umfassende Politanalyse" habe ich nicht liefern können. Obwohl das Wirt „umfassend" mir sogleich das Bild der Laokoon-Gruppe vor Augen führt, die Umfassung schlechthin, was durchaus mit meinen Gefühlen im Anblick der österreichischen Politik korrespondiert: Schlangen, die nicht nur ihr Opfer, die Knaben umwinden, sondern auch einander, und am Ende auch jeden, der helfen möchte, die Umschlungenen aus der Umschlingung zu retten.

Wir sehen lauter in Interessen Verstrickte miteinander ringen, die alles tun, um ihre Interessen zu verbergen und sich dagegen wehren, dass diese als Motivation ihres Handelns kenntlich werden.

Mit großer Bewegung habe ich zur Kenntnis genommen, dass als Ergebnis der groß gefeierten reformierten Medienförderung, die angeblich zur Hebung der Qualität dient, am meisten die drei Boulevardzeitungen profitierten, zuerst die „Kronen Zeitung", dann „Österreich", ein Blatt, das man ohne Übertreibung eine Sumpfblüte der Publizistik nennen könnte, würde man nicht damit die Blüte schänden und den Sumpf kränken, und „Heute", dessen Daseinszweck darin besteht, Österreich überholt zu haben und Extra-Profite für die Familie Dichand und einen Schweizer Verlag zu schaffen.

Damit halten wir uns aber nicht mehr auf, denn schon lese ich in der Ankündigung:

„Danach wird der ausgewiesene Karl-Kraus-Kenner und Falter-Chefredakteur Armin Thurnher zu einer umfassenden Medienkritik und Politanalyse ausholen, doch nicht darin verharren … Von Armin Thurnher erwarten wir uns positive Perspektiven für eine neue europäische Medienordnung, fernab von Fake News, Manipulation und Desinformation", heißt es da.

Das fällt mir nicht ganz so leicht. Den Karl-Kraus-Kenner, als der ich hier ausgeschildert wurde, will ich gar nicht in Abrede stellen. Im Gegenteil, ich nehme das Etikett zum Anlass, kurz an Karl Kraus zu erinnern.

Trotz seiner Präsenz im Jubeljahr seines 150. Geburtstags habe ich das Gefühl, Österreichs Beziehung zu seinem ersten und größten Medienkritiker ist gestört.

Ich denke manchmal, Österreich fühlt sich beim Namen Karl Kraus so ertappt, dass es alle möglichen Anstrengungen macht, um den Kern seines Wirkens nicht zur Kenntnis nehmen zu müssen. Auch wenn es viel von ihm redet.

Das österreichische Medienwesen entspricht in mehreren Punkten nach wie vor so exakt der Kraus'schen Diagnose, dass man das peinliche Gefühl von Betretenheit im Umgang mit ihm gut versteht.

Ich rede von Auftragsjournalismus im Dienst profitgieriger Verleger.

Ich rede von Erpresserjournalismus, der unverschämt und in aller Öffentlichkeit agiert.

Ich rede von der ungebrochenen Herrschaft der Phrase.

Ich bin also auch als Krausianer umfasst von der österreichischen Lage. Um zu den angekündigten Perspektiven zu kommen, gestatten Sie mir eine zusammenfassende Kurzcharakteristik der österreichischen Situation:

Dominanz der Boulevardmedien. Ihre Macht ist maßgeblich bei der Politik.

Verachtung des öffentlich-rechtlichen Rundfunks.

Verachtung des demokratisch interessierten Journalismus.

Geringschätzung des öffentlich-rechtlichen Rundfunks.

Medienpolitik wird nicht verstanden als Marktordung, gar Marktkorrektur.

Medienpolitik wird verstanden als in Gesetze gegossene Korruption.

Die Digitalisierung techno-optimistisch zu propagieren, heißt, ihre Gefahr in fahrlässiger Weise zu unterschätzen.

Unser größtes Problem aber ist die grundsätzliche Ignoranz gegenüber der für die Demokratie bedrohlichen geschilderten Medienlage. Weder der Medienministerin, noch dem Bundeskanzler, noch dem Generaldirektor des ORF billige ich zu, dieses Problem auch nur ansatzweise erfasst zu haben. Das ist in der Tat dramatisch.

*

Meine sehr geehrten Damen und Herren,
Was getan werden kann und muss, lässt sich bündig zusammenfassen.
Erstens, Problembewusstsein im genannten Sinn schaffen.

Das muss zweitens dazu führen, dass das öffentlich-rechtliche Prinzip als das exemplarisch demokratische Prinzip der Medien erkannt wird.

Es gilt also, den ORF wieder zum öffentlich-rechtlichen Sender zu machen, den parteipolitischen Zugriff aufzugeben und durch öffentliche Kontrolle zu ersetzen.

Es gilt, Führungspersonal, das nur aus Parteiloyalität, nicht aus Kompetenz in Positionen gelangt ist, zu entfernen und durch kompetente Leute zu ersetzen.

Es gilt, die Aufklärung über die Demokratieproblematik zum Teil des ORF-Programms machen.

Es gilt, den öffentlich-rechtlichen Sender zu nutzen, um Bewusstsein der Lage zu schaffen, um damit Information, Transparenz, Engagement und demokratische Inklusion zu ermöglichen.

Feigheit, Hinsichtl-Rücksichtl-Mentalität, Duckmäusertum und Karrierismus sollten im ORF keine Titanic mehr haben. Der Eisberg ist eh schon nah.

Die Bundesregierung redet viel von Kooperation des ORF mit privaten Medien, aber diese kann nicht in der Proliferation der Archive und der Copyright-Schätze des ORF bestehen. Eine Kooperation aller öffentlichkeitszentrierten Medien unter Führung eines demokratisch beauftragten und transparent kontrollierten ORF wäre hingegen dringend geboten.

Zum Beispiel wäre die Amputation der Blauen Seiten von orf. at, die die Verleger herbeiführten, rückgängig zu machen und durch eine gemeinsame Plattform zu ersetzen, wo etwa täglich die besten Artikel der österreichischen Qualitätsblätter publiziert werden und wo für deren Websites und Abos geworben wird.

Die Begründung der Verleger, die Website wäre zu zeitungsähnlich und zu gut, muss man sich auf der Zunge zergehen lassen: Was zu gut ist, muss nicht durch Besseres übertroffen, sondern schlechter gemacht werden. Statt einer Qualitätswebsite, die man weltweit herzeigen kann, ein Youtube für Arme. Ein Sinnbild!

Drittens bedarf es einer ordentlichen Reform der Medienförderung. Wir müssen uns von der Illusion verabschieden, dass ordentliche Medien mit Werbung zu finanzieren sind. Wir müssen den Marktschmäh des Neoliberalismus als das durchschauen, was er ist: Propaganda für Oligopole und ein Bluff, um den Staat nur als Finanzquelle, nicht aber als Ordnungsmacht zu verstehen, der Märkte korrigiert, etwa den demokratieentscheidenden Medienmarkt. Diese Medienförderung bedarf der offen begründeten Entscheidung von Menschen (statt in Algorithmen versteckter Entscheidungen) und der Kontrolle von Menschen (das ist die wiederherzustellende Öffentlichkeit).

Viertens muss Medienaufklärung in die Schulen getragen werden: „Digitalisiert euch!" sollte nicht die Fähigkeit bedeuten, versiert mit digitalen Geräten umzugehen, sondern zu verstehen, was geschieht, wenn man über sein Smartphone wischt. Und wie das Smartphone und seine Apps die Existenz und die Entscheidungen derer formen, die es bedienen – wörtlich: sie dienen ihm, es manipuliert sie, sie füttern es permanent mit Daten und Informationen, und sie wissen es nicht.

*

Das öffentlich-rechtliche Prinzip könnte man auch das europäische Medienprinzip nennen. Eine neue Kommunikationsordnung ohne digitale Medien ist undenkbar. Die Regelungen und Richtlinien der europäischen Kommission tun ihr Möglichstes, um die privatkapitalistischen Tendenzen der US-Giganten einzuhegen; sie gehen Kompromisse ein, wie es demokratische Regelungen tun, und das Prinzip des Freien Markts liegt immer im Streit mit dem Prinzip des Rechtsstaats.

Es bedarf aber einer weltweiten Anstrengung; die amerikanische Gesetzgebung müsste von der US-Demokratie selbst reformiert werden. Es gibt Ansätze dazu, aber keine einheitliche politische Vision. Im Gegenteil, die Dystopie einer angekündigten totalen Medienkontrolle unter einem Präsidenten Trump ist eine realistische Perspektive.

Dennoch können wir nicht darauf verzichten, dem Netz wie es jetzt ist, das Bild eines Netzes entgegenzustellen, wie es sein sollte. Dieses Netz kann nur öffentlich-rechtlich organisiert sein, mit einem Sozialen Medium und einer Suchmaschine mit offengelegten Algorithmen, nicht nach Profitgesichtspunkten funktionierend, eine Infrastruktur für die öffentliche Kommunikation, eine öffentliche Dienstleistung wie Wasser, Energie oder Straßen und Bahnlinien.

Es wäre logisch, dass sich eine europäische Initiative von demokratisch interessierten Staaten zusammenschließt und ihren öffentlich-rechtlichen Anstalten den Auftrag gibt, eine solche Struktur zu schaffen. Mit den dissidenten Institutionen der US-Tech-Szene ließen sich Allianzen schmieden; auch ließe sich Personal gewinnen, das in Exodus-Wellen von Google, Facebook und Twitter seine Dissidenz und Unzufriedenheit mit dem derzeitigen Netz gezeigt hat. Das wäre eine Investititon in die Demokratie, die dieser würdig wäre, und ohne die sie nicht bestehen wird können.

Es stünde einem kleinen, fetten, bequemen Staat wie Österreich gut an, sich hierbei an die Spitze zu setzen, europäische Enqueten anzustoßen, bestehende, in diese Richtung deutende Initiativen zu unterstützen, ermutigende Geldmittel für ein solches Unternehmen bereitzustellen – vielleicht in der Höhe einiger Jahresumsätze von Boulevardmedienanzeigen ..?

Meine sehr geehrten Damen und Herren,

ich höre das hämische Lachen in den Büros der Verantwortlichen. Dabei habe ich doch gar nichts gesagt. Denn öffentliche Beiträge und Debatten wie die nachfolgende dürfen nicht den höchsten Preis scheuen, den sie entrichten müssen, um wirken zu können: ihre Wirkungslosigkeit.

Danke.

Gerd Gigerenzer
Umgang mit der Ungewissheit

Stellen Sie sich einen digitalen Assistenten vor, der alles besser macht als Sie. Egal, was Sie sagen, er weiß es besser. Egal, was Sie entscheiden, er wird Sie verbessern. Wenn Sie mit einem Plan fürs nächste Jahr kommen, er wird einen geeigneteren haben. Irgendwann geben Sie es auf, noch irgendwelche persönlichen Entscheidungen zu treffen. Von jetzt an kümmert sich die KI perfekt um alles – sie regelt Ihre Finanzen, schreibt Ihre Nachrichten, wählt Ihren Lebenspartner aus und plant, wann es am günstigsten ist, Kinder zu bekommen. An Ihrer Tür werden Pakete mit Waren abgeliefert, von denen Sie noch nicht einmal wussten, dass Sie sie brauchen. Vielleicht meldet sich eine Sozialarbeiterin bei Ihnen, weil der digitale Assistent vorausgesehen hat, dass Ihr Kind möglicherweise eine schwere Depression entwickelt. Und bevor Sie sich lange den Kopf zerbrechen, welcher politische Kandidat Ihnen mehr zusagt, weiß Ihr Assistent es schon und wählt für Sie. Es ist nur eine Frage der Zeit, bis Tech-Unternehmen Ihr Leben bestimmen und der getreue Assistent sich in eine Superintelligenz verwandelt. Wie eine Schafherde werden unsere Enkelkinder ihrem neuen Herrn ehrfürchtig, brav und gehorsam folgen.

In den letzten Jahren habe ich bei vielen populärwissenschaftlichen Veranstaltungen über Künstliche Intelligenz (KI) gesprochen und war immer wieder überrascht, wie verbreitet das bedingungslose Vertrauen in komplexe Algorithmen zu sein scheint. Gleich, um welches Thema es ging, die Vertreter der Tech-Unternehmen versicherten den Zuhörern, eine Maschine könne die anstehende Aufgabe genauer, schneller und billiger erledigen. Mehr noch, indem man Menschen durch Software ersetze, könne man die Welt besser und angenehmer machen. So hören wir beispielsweise, Google kenne uns besser als wir uns selbst und KI könne unser Verhalten fast perfekt vorhersagen oder werde es jedenfalls bald können. Tech-Unternehmen nehmen diese Fähigkeit für sich in Anspruch, wenn sie ihre Dienste Werbekunden, Versicherungen oder Geheimdiensten andienen. Auch wir neigen dazu, ihnen das zu glauben. Selbst Weltuntergangsszenarien in Filmen und Büchern schreiben KI fast Allwissenheit zu. Insofern gleichen sie einigen der erklärten Gegner der Branche, die KI als Inbegriff des bösen Überwachungskapitalismus und Gefahr für unsere Freiheit und Würde brandmarken. Diese Überzeugung veranlasst manche Menschen, in Facebook eine Schrecken einflößende Überwachungsmaschine à la Orwell zu sehen. Datenlecks und der Skandal um Cambridge Analytica haben diese Sorge zu ängstlicher Ehrfurcht anwachsen lassen. Ob auf Glaube oder Furcht gegründet, das Argument bleibt immer gleich:

KI hat die großen Meister in Schach und Go besiegt. Die Computerleistung verdoppelt sich alle zwei Jahre. Deshalb werden Maschinen bald alles besser machen als Menschen.

Nennen wir es kurz das Maschine-über-Mensch-Argument. Die beiden Prämissen sind richtig, aber die Schlussfolgerung ist falsch.

Der Grund ist, dass Computer für bestimmte Probleme hervorragend geeignet sind, für andere nicht. Bis dato hat KI ihre beeindruckendsten Siege in genau definierten Spielen mit exakten Regeln wie Schach und Go errungen und ähnlich gute Ergebnisse bei der Gesichts- und Stimmerkennung unter relativ unveränderten Bedingungen erzielt. Wenn die Umgebung stabil ist, kann KI Menschen übertreffen. Gleicht die Zukunft der Vergangenheit, erweist sich Big Data als äußerst nützlich. Doch wenn es zu Überraschungen kommt, kann Big Data – also Daten, die immer nur die Vergangenheit widerspiegeln können – uns in Hinblick auf die Zukunft in die Irre führen. 2008 verschliefen die Big-Data-Algorithmen die Finanzkrise, und 2016 sagten sie einen klaren Wahlsieg von Hillary Clinton voraus.

Tatsächlich sind viele Probleme, denen wir uns gegenübersehen, keine wohldefinierten Spiele, sondern Situationen, in denen Ungewissheit herrscht – wenn es beispielsweise darum geht, die wahre Liebe zu finden, das nächste Verbrechen vorauszusagen und in unerwarteten Notsituationen richtig zu reagieren. Hier können noch mehr Rechenleistung und noch größere Datenmengen nur begrenzt helfen. Menschen sind die Hauptquelle von Ungewissheit. Stellen Sie sich vor, wie viel schwieriger Schach wäre, wenn der König aus einer Laune heraus die Regeln verletzen und die Dame unter

Protest das Brett verlassen könnte, nachdem sie die Türme in Brand gesteckt hat.

Die Einsicht, dass komplexe Algorithmen in stabilen Situationen Erfolg versprechen, aber bei Unsicherheit ins Schleudern geraten, verdeutlicht das zentrale Thema meines Buchs „Klick", namlich wie wir in einer smarten Welt smart bleiben können:

Smart bleiben heißt, die Möglichkeiten und Risiken von digitalen Technologien zu verstehen und entschlossen zu sein, in einer von Algorithmen bevölkerten Welt die Kontrolle zu behalten.

Sollen wir entspannt die Hände in den Schoß legen, während eine Software unsere persönlichen Entscheidungen trifft? Auf keinen Fall. Smart bleiben heißt nicht, der Technologie blind zu vertrauen, aber auch nicht, ihr ängstlich zu misstrauen. Vielmehr geht es darum zu verstehen, was KI leisten kann und was ins Fantasiereich von Marketing-Hype und techno-religiöser Träumerei gehört. Außerdem geht es um die persönliche Fähigkeit und Bereitschaft, die Technologie zu steuern, statt von ihr ferngesteuert zu werden.

Smart bleiben ist nicht mit den digitalen Fertigkeiten für die Verwendung von Technologien zu verwechseln. Weltweit bemüht man sich, mit neuen Lehrprogrammen digitale Fertigkeiten zu verbessern, indem man Tablets und smarte Whiteboards für Klassenräume anschafft und Schüler in ihrer Anwendung unterweist. Aber diese Programme machen Kinder und Jugendliche nur selten mit den Risiken der digitalen Technologie vertraut. Die erschreckende Folge ist, dass die meisten *Digital Natives* nie gelernt haben, versteckte Werbung von echten Nachrichten zu unterscheiden, und sich vielmehr vom äußeren Schein einer unseriösen Webseite beeindrucken lassen. Beispielsweise zeigte eine Studie, dass 96 Prozent der Digital Natives nicht in der Lage sind, die Vertrauenswürdigkeit einer Webseite zu beurteilen.

Eine *smarte Welt* ist nicht nur die Ergänzung unseres Lebens durch smarte Fernseher, Online-Dating und technischen Schnickschnack. Sie ist eine Welt, die durch digitale Technologie *verwandelt* wird. Als die Tür zur smarten Welt zum ersten Mal aufgestoßen wurde, entwarfen viele das Bild eines Paradieses, in dem alle Zugang zum Baum wahrhaftiger Information hatten, und beschworen das Ende von Unwissenheit, Lügen und Korruption. Sie dachten, die Fakten über Klimawandel, Terrorismus, Steuerhinterziehung, Ausbeutung der Armen und Verletzung der Würde des Menschen kämen endlich auf den Tisch. Unmoralische Politiker und gierige Manager würden bloßgestellt und zum Rücktritt gezwungen. Regierungen würden daran gehindert, die Öffentlichkeit auszuspionieren und die Privatsphäre zu verletzen.

Bis zu einem gewissen Grad hat sich dieser Traum verwirklicht, wenn auch das Paradies nicht unverdorben blieb. Die Welt wird aber nicht einfach besser oder schlechter. Tatsächlich wandelt sich die Gesellschaft. Was wir für gut und schlecht halten, verändert sich. Beispielsweise waren die Menschen vor gar nicht so langer Zeit außerordentlich um ihre Privatsphäre besorgt und gingen auf die Straße, um gegen Regierungen und Unternehmen zu protestieren, die versuchten, sie zu überwachen und sich ihre persönlichen Daten zu beschaffen. Ein breites Spektrum von Aktivisten, jungen Liberalen und etablierten Organisationen protestierte heftig gegen die deutsche Volkszählung 1987, weil die Leute befürchteten, Computer könnten ihre Antworten deanonymisieren. Zornige Verweigerer bepflasterten die Berliner Mauer mit Tausenden von leeren Fragebögen. Bei der Volkszahlung 2001 in Australien gaben 70.000 Befragte als Religion »Jedi« an (nach dem Film Star Wars). Und noch 2011 protestierten britische Bürger gegen Fragen, die ihre Privatsphäre verletzten, etwa wenn sie ihre Religionszugehörigkeit angeben sollten. Wenn heute unser smartes Haus ununterbrochen aufzeichnet, was wir tun, selbst im Schlafzimmer, und die smarte Puppe unseres Kindes jedes Geheimnis aufzeichnet, das ihr anvertraut wird, zucken immer mehr nur die Achseln. Das Empfinden für Privatsphäre und Würde passt sich der Technik an oder wird möglicherweise obsolet. Einst war der Traum von Internet gleichbedeutend mit Freiheit; heute bedeutet Freiheit für viele Menschen kostenloses Internet.

Seit undenklichen Zeiten entwickeln die Menschen eindrucksvolle neue Technologien, von denen sie nicht immer klugen Gebrauch machen. Für die Nutzung der vielen Vorteile der Technologie brauchen wir Einsicht und Mut, um in einer smarten Welt smart zu bleiben. Jetzt ist nicht der Zeitpunkt, die Hände in den Schoß zu legen und uns zu entspannen, sondern die Augen aufzumachen und die Kontrolle zu behalten.

Die Kontrolle behalten

Wenn Sie kein unerschrockener Draufgänger sind, dürften Sie sich gelegentlich um Ihre Sicherheit sorgen. Was glauben Sie, welches Verhängnis wird in den nächsten zehn Jahren wahrscheinlicher sein?

* Sie werden von einem Terroristen getötet.
* Sie werden von einem Autofahrer getötet, der von einem Smartphone abgelenkt ist.

Wenn Sie sich für den terroristischen Anschlag entscheiden, gehören Sie zur Mehrheit. Seit dem Anschlag vom 11. September 2001 zeigen Umfragen in Deutschland und Nordamerika, dass nach Meinung vieler Menschen vom Terrorismus die größte Gefahr für ihr Leben ausgeht. Für einige ist das ihre größte Angst. Gleichzeitig geben die meisten ziemlich unbefangen zu, dass sie beim Fahren Nachrichten verschicken. In den zehn Jahren vor 2020 wurden in Deutschland durchschnittlich drei Menschen pro Jahr von islamistischen, rechtsextremen oder anderen Terroristen umgebracht. Im gleichen Zeitraum fielen jährlich mehr als 300 Menschen abgelenkten Autofahrern zum Opfer, die häufig auf ihrem Handy Nachrichten verschickten, lasen oder streamten. In den Vereinigten Staaten waren es 36 Terroristenopfer pro Jahr und mehr als 3000 Menschen, die abgelenkten Autofahrern zum Opfer fielen. Diese Ziffer entspricht der Opferzahl vom 11. September, aber pro Jahr.

Die meisten Amerikaner haben auch mehr Furcht vor Terrorismus als vor Waffen, obwohl es viel unwahrscheinlicher ist, dass sie von einem Terroristen erschossen werden als von einem Kind, das in seiner Familie mit einer Waffe herumspielt. Wenn Sie nicht in Afghanistan oder Nigeria leben, ist die Wahrscheinlichkeit erheblich größer, durch einen abgelenkten Autofahrer – und das könnten Sie selbst sein – getötet zu werden. Das ist kein Wunder. Wenn ein 20-jähriger Fahrer ein Handy benutzt, fällt seine Reaktionszeit plötzlich auf die eines 70-Jährigen zurück. Ein Fall »spontaner Hirnalterung«.

Warum schreiben Menschen Nachrichten, während sie Auto fahren? Möglicherweise sind sie sich nicht bewusst, wie gefährlich es ist. Doch in einer Umfrage habe ich festgestellt, dass die meisten sehr wohl um die Gefahr wissen. Hier handelt es sich nicht um mangelndes Bewusstsein, sondern um mangelnde Selbstbeherrschung.»Wenn eine Textnachricht reinkommt, muss ich einfach nachsehen, egal, was ist«, erklärte ein Student. Die Selbstbeherrschung ist noch erschwert worden, seit Plattformen Benachrichtigungen, Likes und andere psychologische Tricks eingeführt haben, damit sich die Augen der Nutzer auf ihre Seiten statt auf die Umgebung richten. Dabei ließe sich viel Unheil vermeiden, wenn man den Drang, auf dem Handy nachzusehen, zügeln und stattdessen auf die Straße achten würde. Und das betrifft nicht nur junge Leute.»Schreibt euren Lieben nicht, wenn ihr wisst, dass sie Auto fahren«, meinte eine verzweifelte Mutter, als sie ihre Tochter auf der Intensivstation besuchte. Die junge Frau hatte das Gesicht voller Narben und ein Auge verloren, nachdem die Mutter ihr eine »blöde Textnachricht« geschickt hatte. Ein Smartphone ist eine tolle Technologie, aber es braucht smarte Menschen, die es vernünftig verwenden. Hier erweist sich die Fähigkeit, verantwortlich zu handeln und eine Technologie unter Kontrolle zu behalten, als ein Schutz für Ihre eigene Sicherheit und die Ihrer Lieben.

Massenüberwachung ist ein Problem und keine Lösung

Warum wir einen terroristischen Angriff mehr fürchten als einen abgelenkten Autofahrer, erklärt sich zum Teil daraus, dass die Medien Terroristen mehr Aufmerksamkeit schenken als abgelenkten Fahrern und dass Politiker ihrem Beispiel folgen. Um ihre Bürger zu schützen, experimentieren Regierungen weltweit mit Systemen zur Überwachung durch Gesichtserkennung. Im Labor funktionieren diese Systeme hervorragend, wenn Pass- oder Bewerbungsfotos oder andere gut beleuchtete Bilder mit ähnlichen Kopfhaltungen als Vorlagen verwendet werden. Doch wie genau sind sie in der täglichen Praxis und Wirklichkeit? Ein Test fand nicht weit von mir entfernt statt.

Am Abend des 19. Dezember 2016 kaperte ein 24-jähriger islamistischer Terrorist einen schweren Lastwagen und raste mit ihm in einen gut besuchten Berliner Weihnachtsmarkt voller Touristen und Einheimischer, die sich Bratwürste und Glühwein schmecken ließen, tötete dabei zwölf Menschen und verletzte 49 weitere. Im folgenden Jahr ließ der deutsche Innenminister im Berliner Bahnhof Südkreuz Gesichtserkennungssysteme installieren, um festzustellen, wie genau sie Verdächtige erkennen. Am Ende des einjährigen Pilottests nannte der Minister in seiner Presseerklärung voller Stolz zwei beeindruckende Zahlen: eine Trefferquote von 80 Prozent, das heißt, von zehn Verdachtigen identifizierten die Systeme acht zutreffend, während ihnen zwei entgingen; und eine Fehlalarmrate von 0,1 Prozent, das heißt, nur einer von 1000 unschuldigen Passanten wurde zu Unrecht für verdächtig gehalten. Der Minister pries das System als großen Erfolg und gelangte zum Schluss, landesweite Überwachung sei machbar und wünschenswert.

Nach der Presseerklärung entbrannte eine heftige Debatte. Eine Gruppe vertrat die Ansicht, dass mehr Sicherheit mehr Überwachung rechtfertige, während die andere Gruppe fürchtete, die Kameras würden am Ende die »Telemonitore« aus George Orwells 1984 werden. Beide aber nahmen die Genauigkeit des Systems als gegeben hin. Statt für eine Seite in der emotionalen Debatte Partei zu ergreifen, wollen wir lieber klarstellen, was tatsächlich passieren würde, wenn es solche Gesichtserkennungssysteme flächendeckend gäbe. Tagtäglich laufen rund zwölf Millionen Menschen durch die Bahnhöfe in Deutschland. Abgesehen von ein paar Hundert gesuchten Verdächtigen handelt es sich um gewöhnliche Menschen, die auf dem Weg zu ihrer Arbeit oder ihrem Vergnügen sind. Hinter der eindrucksvoll klingenden Fehlalarmrate von 0,1 Prozent verbergen sich fast 12.000 Passanten pro Tag, die zu Unrecht als Verdächtige betrachtet würden. Sie alle würden angehalten, nach Waffen oder Drogen durchsucht und in Verwahrung genommen, bis ihre Identität geklärt wäre. Teile der ohnehin stark beanspruchten polizeilichen Ressourcen würde man zur Überprüfung dieser unschuldigen Bürger verbrauchen, statt sie für effektive Verbrechensprävention zu nutzen. Mit anderen Worten, ein solches

System ginge in Wirklichkeit zu Lasten der Sicherheit. Letztlich hatte man ein Überwachungssystem, das die individuelle Freiheit einschränkte und ein Störfaktor des sozialen und wirtschaftlichen Lebens wäre.

Gesichtserkennung kann gute Dienste leisten, aber bei einer anderen Aufgabe: *Identifizierung eines Individuums statt Massenscreening*. Nachdem ein Verbrechen in einer U-Bahn-Station begangen worden ist oder ein Auto eine rote Ampel überfahren hat, kann eine Videoaufzeichnung bei der Identifizierung des Täters helfen. Hier wissen wir, dass die Person eine Straftat verübt hat. Wenn wir dagegen alle in der Station screenen, wissen wir nicht, ob die Personen Verdächtige sind. Die meisten von ihnen sind es nicht, was – wie bei einem medizinischen Massenscreening – zu einer großen Zahl an Fehlalarmen führt. Für einen weiteren Zweck eignet sich Gesichtserkennung noch besser. Wenn Sie Ihr Handy freischalten, indem Sie auf das Display schauen, führt es eine sogenannte Authentifizierung durch. Anders als ein Straftäter, der in der U-Bahn-Station davonläuft, blicken Sie direkt in die Kamera, nähern Ihr Gesicht und halten vollkommen still; praktisch wird das Handy immer nur von Ihnen freigeschaltet. Diese Situation schafft eine ziemlich stabile Welt: Sie und Ihr Handy. Fehler passieren selten.

Um das Für und Wider der Gesichtserkennungssysteme zu diskutieren, müssen wir zwischen diesen drei Situationen unterscheiden: viele-mit-vielen, einer-mit-vielen und einer-mit-einem. Beim Massenscreening werden viele Menschen mit vielen anderen in einer Datenbank verglichen; bei der Identifikation wird eine Person mit vielen anderen verglichen; und bei der Authentifizierung wird eine Person mit einer anderen verglichen. Noch einmal, je kleiner die Unsicherheit, wie bei der Identifikation im Gegensatz zum Massenscreening, desto besser die Leistung des Systems. Erinnern wir uns an den gewaltsamen Sturm auf das US-Kapitol im Januar 2021, als die Gesichtserkennungssysteme im Handumdrehen einige der Eindringlinge identifizierten. Das Fazit lautet: KI ist nicht gut oder schlecht, sondern nützlich für einige Aufgaben und weniger nützlich für andere.

Nicht zuletzt ist diese Analyse auch für die Sorge um die Privatsphäre von Bedeutung. Die Öffentlichkeit fürchtet vor allem die Massenüberwachung durch den Staat, nicht die Identifizierung von Straftätern oder die Authentifizierung. Und genau bei der Massenüberwachung erweisen sich die Gesichtserkennungssysteme als besondts unzuverlässig, Die Kenntnis dieses entscheidenden Unterschieds trägt zum Schutz der in westlichen Demoktatien hochgeschätzten individuellen Freiheiten gegen die Überwachungsinteressen der eigenen Regierungen bei.

Ich habe nichts zu verbergen

Der Satz »Ich habe nichts zu verbergen« ist mittlerweile ein Gemeinplatz in Diskussionen über Social-Media-Unternehmen geworden, die alle persönlichen Daten sammeln, deren sie habhaft werden können. Oft hört man ihn von Nutzern, die lieber mit ihren Daten als mit ihrem Geld bezahlen. Der Satz könnte durchaus auf diejenigen unter uns zutreffen, deren Leben ohne besondere Ereignisse und schwerwiegende Gesundheitsprobleme verläuft, die sich nie potenzielle Feinde gemacht haben und sich nicht für Bürgerrechte einsetzen würden. Doch es geht nicht darum, persönliche Daten zu verbergen oder Bilder von niedlichen Kätzchen kostenlos posten zu können. Tech-Unternehmen interessiert es nicht, ob Sie etwas zu verbergen haben oder nicht. Vielmehr müssen sie uns, da wir kein Geld für ihre Dienstleistungen bezahlen, mit psychologischen Tricks dazu bringen, so viel Zeit wie möglich mit ihren Apps zu verbringen. Sie sind nicht der Kunde, die Kunden sind die Firmen, die die Tech-Unternehmen dafür bezahlen, dass sie sich Ihrer Aufmerksamkeit bemächtigen. Viele von uns kleben am Smartphone, bekommen zu wenig Schlaf wegen des neuen Bettpartners, finden kaum Zeit für etwas anderes und warten ungeduldig auf den nächsten Dopaminschub durch ein weiteres Like. Jia Tolentino, eine Journalistin des New Yorker, schrieb über den Kampf mit ihrem Handy: »Ich trage das Handy mit mir herum, als wäre es eine Sauerstoffflasche. Ich starre es an, während ich Frühstück mache und den Müll rausbringe, und ruiniere dabei, was ich am meisten an der Arbeit zu Hause schätze – die Selbständigkeit und den relativen Frieden.« Andere sind verletzt nach einem vernichtenden Online-Kommentar von Fremden über ihr Aussehen und ihren Verstand. Wieder andere driften in extremistische Gruppen ab, die auf Fake News und Hasstiraden hereinfallen.

Die Welt ist gespalten in diejenigen, die es wenig kümmert, dass die Digitaltechnik ihr Leben beeinflusst, und diejenigen, die wie Tolentino meinen, sie mache sie so abhängig wie Spielsüchtige, die nur noch ans Glücksspiel denken können. Doch die Technologie, und insbesondere die Social Media, käme auch gut zurecht, ohne darauf ausgerichtet zu sein, den Menschen Zeit und Schlaf zu rauben. Nicht die sozialen Medien an sich erzeugen bei einigen von uns diese Sucht, sondern das personalisierte anzeigengestützte Geschäftsmodell. Die Beeinträchtigungen ihrer Nutzer resultieren aus dieser »Erbsünde«.

Das Gratis-Café

Stellen Sie sich ein Café vor, das alle Konkurrenten in der Stadt ausgeschaltet hat, indem es kostenlosen Kaffee anbietet. Sie haben also kaum eine andere Wahl, als dorthin zu gehen, wenn Sie Ihre Freunde treffen wollen. Während Sie die Stunden genießen, die Sie plaudernd mit ihnen verbringen, zeichnen Wanzen und Kameras, die in Tische und Wände verkabelt sind, Ihre Gespräche auf und halten fest, mit wem Sie dort sitzen. Außerdem ist der Raum voller Verkäufer, die ihren Kaffee bezahlen und Sie ständig unterbrechen, um Ihnen personalisierte Produkte und Dienstleistungen anzubieten. In diesem Café sind die Verkäufer die Kunden, nicht Sie und Ihre Freunde. Nach diesem Muster funktionieren Plattformen wie Facebook.

Social Media wären weniger destruktiv, wenn sie sich an das Geschäftsmodell von echten Cafés oder von Fernsehen, Rundfunk und anderen Dienstleistern hielten, bei denen Sie als Kunde für die gewünschten Dienstleistungen bezahlen. Tatsächlich hatten sogar Sergey Brin und Larry Page, die jugendlichen Gründer von Google, 1998 anzeigengestützte Suchmaschinen kritisiert, weil sie zwangsläufig eher die Interessen ihrer Werbekunden als ihrer Nutzer berücksichtigen. Doch unter dem Druck ihrer Risikokapitalgeber knickten sie rasch ein und entwickelten das erfolgreichste personalisierte Werbemodell, das es derzeit gibt. In diesem Geschäftsmodell ist Ihre Aufmerksamkeit das Produkt, das verkauft wird. Die eigentlichen Kunden sind die Firmen, die Anzeigen auf den Webseiten schalten. Je häufiger die Nutzer eine Anzeige sehen oder auf sie klicken, desto mehr zahlen die Firmen an Google. Aus diesem Grund führen die Social-Media-Plattformen ein Experiment nach dem anderen durch, um die Nutzer zu veranlassen, möglichst lange auf ihren Seiten zu verweilen und umgehend wieder auf sie zurückzukehren. Der Drang, beim Autofahren nach dem Handy zu greifen, ist ein Musterbeispiel für den Erfolg dieser Strategie. Kurzum, die Quintessenz des Geschäftsmodells besteht darin, die Zeit und Aufmerksamkeit der Nutzer so intensiv wie möglich in Anspruch zu nehmen.

Im Interesse der Werbekunden sammeln die Tech-Unternehmen im Minutentakt Daten, die darüber Auskunft geben, wo Sie sind, was Sie tun und was Sie sich anschauen. Gestützt auf Ihre Gewohnheiten, machen sie eine Art Avatar aus Ihnen. Wenn ein Werbekunde eine Anzeige schaltet, etwa für Akku-Bohrmaschinen oder teure Lippenstifte, zeigt er die Werbung jenen Nutzern, die sie am ehesten kaufen werden. In der Regel bezahlen Werbekunden die Tech-Unternehmen für jeden Klick eines Nutzers auf die Werbung oder für jeden Seitenaufruf. Um also die Wahrscheinlichkeit zu erhöhen, dass Sie auf eine Anzeige klicken oder sie zumindest ansehen, versucht man Sie mit allen Mitteln dazu zu bringen, dass Sie möglichst lange auf der Seite bleiben. Likes, ständige Benachrichtigungen und andere psychologische Tricks wirken gemeinsam darauf hin, Sie abhängig zu machen – Tag und Nacht. So sind es nicht Ihre Daten, die verkauft werden, sondern Ihre Aufmerksamkeit, Ihre Zeit und Ihr Schlaf.

Wenn Google und Facebook nach dem Prinzip Zahl-mit-deinem-Geld verführen würden, wäre all das nicht nötig. Die Heerscharen von Ingenieuren und Psychologen, die in Experimenten herauszufinden versuchen, wie sie Sie länger ans Smartphone binden können, könnten sich dann nützlicheren technischen Neuerungen widmen. Zwar müssten die Social-Media-Unternehmen auch weiterhin bestimmte Daten sammeln, um ihre Empfehlungen Ihren spezifischen Bedürfnissen besser anzupassen, aber sie hätten keine Veranlassung mehr, andere überflüssige persönliche Daten zu erheben – etwa Daten, aus denen sich schließen ließe, dass Sie deprimiert sind, Krebs haben oder schwanger sind. Der Hauptgrund für die Sammlung dieser Daten – personalisierte Werbung – wäre entfallen. Netflix ist ein gutes Beispiel für ein Unternehmen, das dieses Prinzip schon eingeführt hat. Aus Sicht der Nutzer ergäbe sich der kleine Nachteil, dass wir alle für die Nutzung sozialer Netzwerke monatlich ein paar Euro bezahlen müssten. Für die Social-Media-Unternehmen hat das einträglichere Prinzip Zahl-mit-deinen-Daten jedoch den großen Vorteil, dass die Männer – ja, es sind nahezu ausschließlich Männer – an der Spitze der Hierarchie heute zu den reichsten und mächtigsten Zeitgenossen auf dem Planeten gehören.

Auf der Höhe der technologischen Entwicklung bleiben

Diese Beispiele vermitteln einen ersten Eindruck davon, was es heißt, auf der Höhe der technologischen Entwicklung zu bleiben. Um der Verlockung zu widerstehen, während des Autofahrens eine Nachricht zu schicken, benötigt man die Fähigkeit, selbstverantwortlich zu handeln und eine Technologie zu kontrollieren. Die Möglichkeiten und Grenzen von Gesichtserkennungssystemen zeigen uns, dass die Technologie in relativ stabilen Situationen ausgezeichnet funktioniert, wie zum Beispiel beim Entsperren Ihres Handys oder bei der Grenzkontrolle, wenn Ihr Passfoto mit einer anderen Fotografie von Ihnen verglichen wird. Doch beim Massenscreening unter realen Bedingungen bekommt KI Probleme und erzeugt zu oft Fehlalarm, was zu gewaltigen Schwierigkeiten führen kann, wenn Massen unschuldiger Menschen angehalten und durchsucht werden. Die Probleme schließlich, die durch soziale Medien verursacht werden – Verlust von Zeit, Schlaf und Konzentrationsfähigkeit sowie die Folgen der Sucht –, sind nicht die Schuld der sozialen Medien an sich, sondern des Businessplans der Unternehmen: Zahl mit deinen Daten. Um diese schwerwiegenden Probleme zu beseitigen, reichen keine neuen Datenschutzregelungen oder staatlichen Vorschriften über Online-Inhalte. Dazu müssen wir die Axt an die Wurzel des Problems legen, indem wir beispielsweise den zugrunde liegenden Businessplan verändern. Regierungen brauchen mehr politischen Mut, um die Menschen zu schützen, die sie vertreten.

Man sollte meinen, allen die Chancen und Risiken der digitalen Technologie zu vermitteln, müsste bereits weltweit ein vorrangiges Ziel aller Bildungssysteme und Regierungen sein. Weit gefehlt. Tatsächlich wird es weder in dem OECD-Papier »Key issues for digital transformation in the G20« (Schlüsselprobleme der digitalen Transformation in den G20-Staaten) von 2017 noch in dem 2020 vorgelegten »Weißbuch zur Künstlichen Intelligenz« der Europäischen Kommission überhaupt erwähnt. Diese Programme beschäftigen sich mit anderen wichtigen Aspekten – der Schaffung von Innovationsschmieden, digitalen Infrastrukturen, geeigneter Gesetzgebung und gesteigertem Vertrauen der Menschen in KI. Infolgedessen sind die meisten Digital Natives nicht im Mindesten darauf vorbereitet, Fakten von Fakes und Nachrichten von versteckten Anzeigen zu unterscheiden.

Doch für die Lösung der Probleme ist mehr erforderlich als Infrastruktur und Regulierung. Dazu müssen wir uns die Zeit zum Mitdenken nehmen und genauer hinsehen. Mussten Sie lange in einer Service-Hotline warten? Dann könnte es sein, dass Ihnen aufgrund Ihrer Adresse oder eines Algorithmus ein geringer Kundenwert zugeschrieben wurde. Haben Sie bemerkt, dass das erste Ergebnis einer Google-Suche nicht besonders nützlich für Sie war? Dann war es wahrscheinlich dasjenige, für das eine Firma am meisten bezahlt hat. Ist Ihnen bewusst, dass Ihr geliebter Smart-TV möglicherweise Ihre privaten Gespräche im Wohn- oder Schlafzimmer aufzeichnet?

Wenn Ihnen dies alles nicht neu ist, dann wird es Sie vielleicht überraschen, dass es das für die meisten sehr wohl ist. Wenige Menschen wissen, dass Algorithmen ihre Wartezeit bestimmen. Sechs von sieben Deutschen wissen nicht, dass ein intelligenter Fernseher aufzeichnet, was immer sie sagen, und an ungenannte Dritte weiterleitet. Wie Studien zeigen, sind sich auch rund 50 Prozent der erwachsenen Nutzer nicht darüber im Klaren, dass die besonders markierten Suchresultate Anzeigen sind und nicht die relevantesten oder beliebtesten Ergebnisse. Der Grund für diese Unkenntnis liegt aber nicht allein bei den Nutzern; Google selbst trägt aktiv dazu bei. Die »gesponserten« Anzeigen sind tatsächlich markiert, aber im Laufe der Jahre hat Google sie immer mehr dem Aussehen von »organischen« Suchergebnissen (keine Werbung) angeglichen. Anfangs waren die Werbelinks der Suchtrefferliste durch farblich hervorgehobenen Hintergrund klar gekennzeichnet, wobei der Farbton allerdings über die Jahre abgeschwächt wurde. Ab 2013 wurde die Hintergrundfarbe weggelassen, stattdessen war nur noch das Wort »Anzeige« gelb unterlegt; seit 2020 wird auch diese Farbe fortgelassen, sodass sich die Anzeige nun noch unauffälliger in die organischen Suchergebnisse einfügt. Google experimentiert ständig damit, Werbung so ähnlich wie organische Ergebnisse aussehen zu lassen, obgleich die klare Trennung von Werbung und anderen Inhalten ein gesetzliches und ethisches Gebot ist. Das Zahl-mit-deinen-Daten-Modell verführt dazu. Von den Werbekunden wird Google für jeden Klick auf Werbung bezahlt, nicht aber für einen Klick auf organische Ergebnisse. Das heißt, wenn Nutzer irrtümlicherweise glauben, die ersten (gesponserten) Ergebnisse seien keine Werbung, sondern die relevantesten für sie, dann ist das gut fürs Geschäft.

Wie erwähnt begrüßen viele Führungskräfte und Politiker Big Data und Digitalisierung mit großer Begeisterung. Nun ist Begeisterung nicht dasselbe wie Verständnis. Viele der übereifrigen Propheten scheinen nicht zu wissen, wovon sie sprechen. Nach einer Studie von 2017 über 400 Vorstände der damals 80 deutschen DAX- und MDAX-Unternehmen hatten 92 Prozent von ihnen keine erkennbare oder dokumentierte Erfahrung mit Digitalisierung. Entsprechend war, als Mark Zuckerberg vor Mitgliedern des US-Kongresses zur neuesten Datenschutz-Kontroverse aussagen musste, die eigentliche Überraschung nicht, was er in seinen einstudierten Antworten mitteilte, sondern der Umstand, dass die US-Politiker offenbar kaum eine Ahnung von den undurchsichtigen Vorgehensweisen der Social-Media-Unternehmen hatten. Als ich im Sachverständigenrat für Verbraucherfragen des Bundesministeriums der Justiz und für Verbraucherschutz mitarbeitete, untersuchten wir, wie die verborgenen Algorithmen von Wirtschaftsauskunfteien von den Datenschutzbehörden überwacht werden. Diese müssen dafür sorgen, dass die Algorithmen verlässliche Indikatoren der Kreditwürdigkeit sind, die nicht aufgrund von Geschlecht, ethnischer Herkunft oder anderen individuellen Merkmalen diskriminieren. Als die Schufa ihren Algorithmus einreichte, räumte die Behörde ein, dass ihr die nötigen Kenntnisse auf dem Gebiet der IT und Statistik fehlten, um den Algorithmus zu bewerten. Am Ende half die Schufa selbst aus, indem sie die Fachleute auswählte, die das Gutachten schrieben, und sogar deren Honorare bezahlte. In unserer smarten Welt scheint Ignoranz die Regel und nicht die Ausnahme zu sein. Das sollten wir rasch ändern und nicht erst in ferner Zukunft.

Technologischer Paternalismus

Paternalismus (vom lateinischen Wort pater, Vater) ist die Auffassung, eine ausgewählte Gruppe habe das Recht, andere Menschen wie Kinder zu behandeln, die sich der Autorität dieser Gruppe bereitwillig fügen sollten. Früher lautete die Rechtfertigung, die herrschende Gruppe sei von Gott erwählt worden, gehöre zur Aristokratie oder verfüge über geheimes Wissen beziehungsweise ungeheuren Reichtum. Die ihrer Autorität unterworfenen Bevölkerungsteile gelten als Menschen zweiter Klasse, weil sie etwa weiblich, von anderer Hautfarbe, arm oder bildungsfern sind. Im 20. Jahrhundert befand sich der Paternalismus auf dem Rückzug, weil die weit überwiegende Mehrheit der Menschheit endlich die Möglichkeit bekam, lesen und schreiben zu lernen, und weil Regierungen Männern wie Frauen Redefreiheit, Freizügigkeit und das Wahlrecht einräumten. Diese Revolution, für die engagierte Vorkämpfer im Gefängnis landeten oder sogar ihr Leben ließen, ermöglichte den folgenden Generationen, also auch uns, unsere Angelegenheiten selbst in die Hand zu nehmen. Doch das 21. Jahrhundert erlebt den Aufstieg eines neuen Paternalismus durch Unternehmen, die Computer nutzen, um unser Verhalten vorherzusagen und zu manipulieren, ob wir damit einverstanden sind oder nicht. Seine Propheten verkünden sogar die Ankunft eines neuen Gottes, einer allwissenden Superintelligenz namens AGI

(Artificial General Intelligence, künstliche allgemeine Intelligenz), von der es heißt, sie übertreffe Menschen in allen Bereichen der Denkleistung. Bis zur Ankunft des neuen Gottes sollten wir seinen Propheten gehorchen.

Technologischer Solutionismus ist die Überzeugung, dass jedes gesellschaftliche Problem eine »Störung« sei und durch einen Algorithmus »behoben« werden müsse. Technologischer Paternalismus ist die natürliche Konsequenz, Regieren durch Algorithmen. Dazu braucht noch nicht einmal die Fiktion einer Superintelligenz bemüht zuwerden; wir sollen einfach nur akzeptieren, dass Unternehmen und Staaten Minute für Minute aufzeichnen, wo wir sind, was wir tun und mit wem – wie wir auch darauf vertrauen sollen, dass diese Aufzeichnungen die Welt zu einem besseren Ort machen werden. In den Worten von Googles ehemaligem CEO Eric Schmidt: »Das Ziel ist, Google-Nutzer dazu zu bringen, dass sie Fragen stellen wie zum Beispiel »Was soll ich morgen tun?« und »Für welchen Job soll ich mich entscheiden?« Eine Menge populärwissenschaftlicher Autoren befördern unsere Ehrfurcht vor dem technologischen Paternalismus, indem sie Geschichten erzählen, die – sehr vorsichtig ausgedrückt – „ökonomisch" mit der Wahrheit umgehen. Überraschender ist, dass selbst einige einflussreiche ForscherInnen KI nahezu grenzenlose Fähigkeiten zuschreiben. Sie vertreten die Ansicht, das menschliche Gehirn sei nur ein minderwertiger Computer, und wir sollten Menschen durch Algorithmen ersetzen, wo immer möglich. KI werde uns schon sagen, was zu tun sei, und an uns sei es, auf sie zu hören und ihr zu folgen. Wir müssten einfach abwarten, bis KI ein wenig smarter geworden sei. Merkwürdig, aber *die Botschaft lautet nie, auch die Menschen müssten ein bisschen smarter werden.*

Antonia Gössinger

Wahrheit faktenbasiert
Wider die mangelnde Selbstreflexion

Ich hadere mit der eigenen Branche wegen selbstverschuldeter Fehler und mangelnder Selbstreflexion. Wichtigstes Ziel der Medien und der Medienpolitik ganz generell muss es sein, junge Menschen mit faktenbasiertem Journalismus zu erreichen und zu bilden. Das ist heute nahezu gar nicht mehr der Fall, wenn wir beispielsweise an frühere Initiativen wie Kinderzeitung, Jugend-Portale etc. denken.

Und vorrangige Aufgabe der Medien wäre es doch, durch „gläserne Redaktionen" jene Medienkonsumenten zu erreichen und zu halten, deren Glaube in die klassischen Medien und deren Unabhängigkeit erschüttert wurde. Das heißt: kommunizieren, kommunizieren, kommunizieren. Voraussetzung dafür ist allerdings eine Presse-förderung, die diesen Namen auch verdient.

Medien, die faktenbasierten Journalismus verbreiten – ob in Print oder Online ist heute kein Thema mehr – sind mit dem Aufkommen der sogenannten Sozialen Netzwerke ins Hintertreffen geraten. Und sie leiden wie die Politik auch unter einem generellen Glaubwürdigkeitsproblem. Beide Probleme – Reichweitenverlust wie schwindende Glaubwürdigkeit – sind teilweise selbstverschuldet.

Erstens war es ein Fehler der Verlage, ihre wertvollen journalistischen Inhalte gratis im Internet zu publizieren und damit zu verbreiten. Paywalls wurden viel zu spät eingeführt, die (nachträgliche) Vergebührung des Contents vom Publikum nur zögernd akzeptiert, wenn nicht gar abgelehnt.

Zweitens war und ist die Nähe zwischen Politik und Medien in Österreich zu groß. Skandale der jüngeren Vergangenheit haben dies belegt und dem Ruf selbst seriöser Publikationen und Sender geschadet. Die skandalöse „Message Control"-Ära wurde vom Großteil der Medien(schaffenden) mitgetragen und hat bis heute keine vertiefende Selbstreflexion ausgelöst.

Um Desinformation und Manipulation entgegenwirken zu können, brauchen die qualifizierte Redaktionen mehr personelle Ressourcen. Aus den derzeitigen Erlösen (Abo- und Werbeeinnahmen) sind diese nicht mehr zu finanzieren. Ohne öffentliche Medienförderung wird es zu einer weiteren Ausdünnung des journalistischen Angebotes kommen, mit empfindlichen Folgen für den demokratischen Diskurs.

Doch auch für diese Folgen sind die heimischen Medien mitverantwortlich. Anstatt gemeinsam mit dem ORF massiv die Politik zu fordern, bekämpft der VÖZ (Verlag Österreichischer Zeitungen) den öffentlich-rechtlichen Rundfunk. Das Ergebnis ist eine Presseförderung, mit der alle unzufrieden sind. Sie steht in keiner Relation zu sonstigen staatlichen Ausgaben und macht weiterhin „Medienförderung" via politisch motivierter Inseratenvergabe möglich.

Wenn faktenbasierter Journalismus als eine zentrale Säule der Demokratie erhalten bleiben soll, müssen Politik wie Medienhäuser agieren: durch breite Kommunikation, gläserne Redaktionen, tiefschürfende Recherchen und Faktencheck-Ressorts einerseits und eine Bildungspolitik, die schon im Vorschulalter ansetzen muss – durch Herstellung von gesetzlicher „Waffengleichheit" zwischen journalistischen Medien und den Sozialen Netzwerken.

Udo Bachmair

Wahrheitsfindung im Journalismus

Die Inanspruchnahme einer absoluten Wahrheit (im theologischen Sinn) ist und kann nicht Gegenstand journalistischer Arbeit sein. Seriösem Journalismus geht es vielmehr um den Versuch einer größtmöglichen Annäherung an die Wahrheit. Ein solcher Versuch kann u.a. mittels Recherchen aus einer Vielfalt auch alternativer Quellen erfolgen sowie durch unermüdliches Bemühen um Differenzierung. Dazu gehört nicht zuletzt ständiges Hinterfragen von Wirkung und Bedeutung traditionellen und wiederholt verwendeten Sprachgebrauchs.

Einige Beispiele dafür:

Menschen, die die wachsende Kriegsrhetorik in Politik und Medien ablehnen und auf Waffenstillstands- und Friedensverhandlungen im Ukrainekrieg drängen, als „Putinunterstützer" und „russische Trolle" verächtlich zu machen, auch wenn sie gleichzeitig den Krieg gegen die Ukraine klar verurteilen, erscheint als eine der Verzerrungen von Wahrheit in der medialen Berichterstattung. Sich in die jeweilige Interessens- und Bedrohungslage von Kriegsgegnern hineindenken zu können und daraus differenzierende Schlüsse zu ziehen, würde wahrheitsorientierten Qualitätsjournalismus ausmachen.

Ein Krieg ist immer auch ein Informationskrieg, und beide Kriegsparteien machen Kriegspropaganda, unabhängig davon, wer nun der Aggressor und wer das Opfer ist.

Westliche Medien stellen ukrainische Kriegspropaganda meist als Fakten dar, hingegen alles, was von russischer Seite kommt, als völlig unglaubwürdig und propagandistisch. Freilich ist es für die journalistische Arbeit schwieriger denn je, auf seriöse Quellen zurückgreifen zu können, auch wenn ehrliche Absicht dazu besteht. Seriöse Quellen im Informationskrieg sind nämlich kaum eruierbar. Aber es wäre zumindest wünschenswert, Quellen zum Kriegsverlauf überhaupt anzugeben, was leider in den Medien selten passiert.

Schon Jahre vor dem Krieg haben westliche Medien und PolitikerInnen Russland beharrlich zu einem Feindbild mitaufgebaut.

Dabei helfen einzelne Begriffe und Worte, wie sie auch in der sogenannten objektiven Nachrichtensprache verwendet werden. So fällt wahrscheinlich nur wenigen auf, dass Äußerungen von russischen Politikern tendenziell mit Prädikaten wie „behaupten", „unterstellen" etc. versehen werden. Wenn ein US- oder EU-Politiker eine Stellungnahme abgibt, lauten die Prädikate „betonen", „bekräftigten", „erklären" etc. also positiv geladene Begriffe.

Abermals sei bekräftigt, dass ein Angriffskrieg im 21. Jahrhundert in Europa ein absolutes „No Go" sein sollte. Großmachtphantasien mit einem realen Krieg erzwingen zu wollen, ist menschen- und völkerrechtlich strikt abzulehnen. Krieg und Gewalt sind per se Verbrechen, besonders ein aggressiver militärischer Überfall. Das heißt aber nicht, dass automatisch nur der Aggressor Kriegsverbrechen begeht.

Apropos „Angriffskrieg": Dieser vor allem von APA und ORF ständig wiederholte Begriff wird kontraproduktiv dann, wenn er allzu inflationär verwendet wird. Denn es könnte dadurch bei Medienkonsumenten der Eindruck eines von oben verordneten und verpflichtenden Wordings entstehen. Die Bezeichnung „US-Angriffskrieg" etwa für den Überfall der USA auf den Irak und andere Staaten der letzten Jahrzehnte wäre in westlichen Medien wohl auch heute noch unerwünscht bis verpönt. US-Kriege waren nach offizieller Lesart ja meist „Befreiungskriege".

Ähnlich beliebt in Politik und Medien ist die häufige Verwendung des Attributs „Terror". Es ist wahr, dass die Hamas zurecht als Terrororganisation bezeichnet werden muss. Das grässliche Massaker vom 7. Oktober 2023 hat dies eindeutig bestätigt. Die Bevölkerung von Gaza dürfte das allerdings anders empfinden, ihre Wahrheit besteht darin, die israelische Regierung wegen ihres brutalen Vorgehens im Gazastreifen als „Terrorregime" zu betrachten. Niemals würden jedoch westliche Medien einen solchen Sprachgebrauch für Israels Regierung gebrauchen, was ja auch nicht wirklich seriös wäre.

Jedenfalls mehren sich Tendenzen, nahezu jede Kritik an der politisch weit rechts stehenden israelischen Führung mit der Keule des Antisemitismus zu beantworten. Dieser immer wiederkehrende

Vorwurf gegen politische und journalistische Kritiker Israels verharmlost im Übrigen den wahren, rassistisch motivierten Antisemitismus.

Als einer der Begriffe, der ebenfalls als verzerrte Wahrheit daherkommt bzw. umgedeutet wird, gilt das Wort Frieden – ein ursprünglich positiv geladener Begriff, der im Umfeld zunehmender Kriegsrhetorik zum „Friedensdiktat" oder „Diktatfrieden" mutiert und damit abgewertet wird.

Höchst bedenkliche Begriffe, die sich ohne größere Empörung langsam aber sicher eingeschlichen haben, sind aus der Nazi-Zeit entlehnte Bezeichnungen wie „Systemparteien", Volksverrat", „Fahndungslisten", Lügenpresse, etc. Politische Kampfbegriffe wie „EU-Wahnsinn" oder die Kronenzeitungsrubrik mit „EU-Theater" als Überschrift auf der Leserbrief-Seite sowie etwa auch die schon zur Gewohnheit gewordene Verknüpfung von Migration mit der Beifügung „illegal" verfehlen ihre fatale Wirkung ebenfalls nicht.

Das sind Beispiele, die beliebig fortgesetzt werden können, Begriffe und Formulierungen, die jedenfalls nicht der Wahrheitsfindung dienen, sondern diese eher erschweren. Dabei wären ein inhaltlich abwägender und objektiver Journalismus sowie eine Abrüstung der Worte gerade im Medienumfeld von hoher demokratiepolitischer Relevanz.

Alice Pechriggl

Die Abkoppelung der Sprache vom Leib

und der Demokratieverlust im Zeitalter großer Sprachmodelle

Artificial Intelligence (AI) wird mit Künstlicher Intelligenz (KI) übersetzt. Dabei wird zuweilen vergessen, dass *intelligence* ein etwas anders gefasster Begriff ist als Intelligenz. So gibt es kein deutschsprachiges Land, das seinen Geheimdienst als „Intelligenzagentur" bezeichnen würde. Ich wähle dieses Beispiel nicht zufällig, weil die Speicherung und Verwertung großer Datenmengen eine der Hauptfunktionen von Geheimdiensten ist: Das weiß die ‚informierte Öffentlichkeit' spätestens seit Edward Snowdens Enthüllungen über die NSA, die Zentralagentur für den überwachenden, chronisch übergriffigen und manipulativen Einsatz von KI.

Eine der wichtigsten Grundlagen für die heutige KI hat der englische Mathematiker Alan Turing gelegt, der im Zweiten Weltkrieg für die britische Armee an Ent- und Verschlüsselungstechniken arbeitete und damit einen Beitrag zur Niederlage der Deutschen Wehrmacht lieferte. Er war es auch, der die erste streng formalisierte und damit mathematisierbare Sprache zu entwickeln suchte, die sich an die Alltagssprache anlehnt, wodurch er die Basis für die heutigen Algorithmen und LLMs (Large Language Models, dt. Große Sprachmodelle) legte, die menschliches Sprechen und Denken zu imitieren suchen. Aber was heißt Sprechen und Denken und wie hängen die beiden zusammen? Und was ist es, das sich an diesen geistigen Tätigkeiten nicht berechnen lässt, sich nicht der Logik des *computings* fügt bzw. es immer schon unter- oder überschreitet?

Heute ist AI in unzähligen Apparaten und Tätigkeiten unseres Alltagslebens operativ, insbesondere in Smartphones, Smart Homes oder Smart Cities. Die Euphemisierung ihrer Arbeit (smart) durch Informatiker:innen verweist nicht nur auf deren Narzissmus, sie hat auch etwas von einer Freud'schen Verneinung unter positiven Vorzeichen: Wieso muss die Smartness, also die Eleganz und Klugheit dieser süchtig machenden Telefonrechner und all der anderen schönen neuen Dinge aus dem Reich der Informatik so betont werden? Steckt dahinter etwa das Grauen, das uns befällt, wenn wir Ph. K. Dicks Cyber-Dystopien lesen bzw. ihre Verfilmungen sehen, oder wenn wir daran denken, wieviel Saudi-Arabien oder Microsoft in die KI und ihre immer größere Rechenenergie investieren, um künftig nicht nur markt-, sondern auch geistbeherrschend zu sein?

Militär, Gesundheits-, Rettungs- und Versicherungswesen, Produktion und Konsum, Wohnen und Verkehr, Wissenschaft und Forschung, Administration und Kommunikation, Sprache und Kunst sind jedenfalls von AI durchdrungen, und niemand vermag mehr genau zu sagen, wo die Kommandos der Algorithmen aufhören und die Urteilskraft der Menschen beginnt.

Angst vor der Selbstausschaltung

Zu den humaneren Aspekten der AI gehört der Anspruch, menschliche Intelligenz maschinell zu reproduzieren, oder zumindest eine Mimikry davon. Die Unverwechselbarkeit menschlicher Emotionalität, Phantasie, Sprachbegabtheit, Urteilskraft und Vernunft ist prekär geworden – nicht etwa deshalb, weil Tiere aus der Perspektive der Gattung „intelligenter" sind (im Sinne von besser als Menschen an ihren Lebensraum angepasst, den sie nicht so rücksichtslos zerstören wie der Mensch das tut), sondern weil die von Menschen hervorgebrachten Roboter die Menschen selbst in immer mehr Belangen überflügeln, nicht mehr nur beim Schachspiel.

Die Angst vor der Selbstausschaltung der Menschheit durch ihre Computerisierung ist seit langem auch ein verborgener, (selbst)mörderischer Wunsch. Und so kam es, dass die mehr oder weniger paranoide Angst vor der Kommandoübernahme der Roboter aus der spekulativen Philosophie (Descartes *malin génie* und Automaten) oder der Science Fiction (Frankenstein, Terminator, Total Recall, Matrix etc.) in die Wirklichkeit unseres Alltagslebens eingesickert ist. Das heißt nicht, dass die Paranoia einem stärkeren Realitätsbezug gewichen wäre, im Gegenteil: Die ständige Frage, ob wir demnächst von Chatbots, bösartigen Cyborgs oder herkömmlichen Robotern regiert werden, die doch dazu da sein sollten, den Menschen zu dienen, ist Ausdruck einer immer realistischeren Angst vor Zerfall, die sich aus der zunehmenden Ohnmacht speist, in die sich die gesamte Menschheit samt Informatiker:innen gegenüber der Technobürokratie und dem gesamten technowissenschaftlichen System versetzt hat.

Auch zwischen Tätern und Opfern kann in diesem System immer weniger unterschieden werden, sodass die Aggressionen ob der Ohnmachtsgefühle immer blindwütiger und öfter gegen simpel konstruierte Feinde geäußert werden. Eine realistische Bekundung dieser Ohnmacht kam am 5. April 2024 vom Generalsekretär der Vereinten Nationen in einem Appell an Israel und die Welt, die KI-basierte Kriegführung zu beenden: Es dürfe nicht sein, dass Algorithmen darüber entscheiden, ob eine bewohnte Zone mit Raketen beschossen wird oder nicht.

Technikentwicklung für neue Waffensysteme

Österreich ist zwar Vorreiter in Sachen Regulierung dieser gespenstischen Vernichtungsrobotik, und auch der soeben erlassene AI Act der EU, also die Regulierung der AI, gibt uns ein wenig Grund zur Zuversicht.[1] Doch der Umstand, dass die EU einen AI Act erlassen hat, der vieles regelt und Vorbildcharakter zu haben beansprucht, der aber die Rüstungsindustrie ausnimmt, die sich längst anschickt, AI in ihre massenmörderischen Waffensysteme einzubauen, sollte die Menschen in allen Ländern erschrecken und zum Handeln animieren.

Selbstverständlich haben die meisten andere Sorgen, zum Beispiel den Klimawandel und wie sie die Übersiedelung aus einer vom Ozean oder der Trockenheit verschluckten Zone schaffen.

Nicht nur deshalb warnen zahlreiche Wissenschafter:innen auf dem Gebiet der LLM-Entwicklung, allen voran Yoshua Bengio, vor den möglicherweise katastrophalen Auswirkungen der noch nicht absehbaren Entwicklungen und fordern ein Moratorium für die Weiterentwicklung Großer Sprachmodelle. Die industrielle und dann digitale Technikentwicklung wächst den Menschen seit Jahrzehnten über den Kopf und bedroht auf vielfältige Weise das Überleben der Gattung. Mit der unkontrollierbaren Verselbständigung der Künstlichen Intelligenz ist ein neues Zeitalter in dieser Bedrohungsspirale erreicht.

---

1 https://artificialintelligenceact.eu/de/das-gesetz/

Diese Art der digitalen Technikentwicklung ist nicht ablösbar von einem umfasseneren Regime: oligarchischer Kapitalismus, Bürokratie und schließlich die Technowissenschaften haben vermittels eines Allmachbarkeitsphantasmas zu immer totaleren Formen der Beherrschung geführt, die immer schwieriger zu durchschauen sind *(arcana imperii).* Dass die Technowissenschaften, allen voran die Informatik, dabei die Vorherrschaft übernommen haben, sehen wir nicht zuletzt an der Finanzierung der Universitäten, an den Prioritäten, die dort im Kontext globaler Marktkonkurrenz und geopolitischer Aufrüstung gegenüber den für das Sinn- und Sprachverstehen unerlässlichen Geisteswissenschaften gesetzt werden.

Der nunmehr ausgerufene „Digitale Humanismus" wirkt dabei wie ein Feigenblatt und erinnert mehr an den „Sozialismus mit menschlichem Antlitz" oder den „demokratischen Zentralismus" der DDR, als er eine Demokratisierung in Aussicht zu stellen vermag bzw. ein demokratisches Regime, das sich der KI sinnvoll bedienen würde und sie gleichzeitig auf allen Ebenen in rechtlich geregelte Bahnen zu bringen vermag. Das Völkerrecht hat ja nichts daran geändert, dass barbarische Kriege geführt werden, in denen alles, eben auch die Entscheidungsübertragung an die Künstliche Intelligenz, erlaubt ist.

Aushebelung der Demokratie

Es wäre nicht nur eine Auseinandersetzung mit den Folgen der Künstlichen „Intelligenz" für die Menschen bzw. die Menschheit im Sinne des „digitalen Humanismus" nötig. Die wesentliche Frage zur KI ist eine politische: Was bedeutet ein sinnvolles Verhältnis zwischen Technologie und Demokratie, und wie können wir verhindern, dass die Demokratie, die noch lange nicht vollständig verwirklicht ist, davon nicht gänzlich ausgehebelt wird?

Die Voraussetzungen dafür sind strukturell gesehen eher schlecht. Nicht nur, dass die KI im repräsentativdemokratischen und zunehmend oligarchischen Kapitalismus (Wirtschafts- und Politeliten teilen sich Reichtum und Herrschaft) eine schier unerschöpfliche Quelle des Reichtums und ein Instrument nicht mehr kontrollierbarer Machkonzentration ist, beginnt sie vielleicht bald die Denkfähigkeit und die Urteilskraft der Menschen, auch der akademisch ausgebildeten, zu unterminieren. Die wenigen, die am Ende noch reflektierend zu schreiben vermögen, und damit in komplexeren Zusammenhängen zu denken, werden zu einer beherrschenden Elite (sofern sie nicht in einer Art Doppelleben ihre Kritik klandestin oder unterschwellig äußern bzw. an Orten, die das System nicht tangieren).

Dies ist vielleicht ein Orwellsches, aber kein völlig unrealistisches Szenario, sondern etwas, das wir als Tendenz seit Jahren beobachten können: Totalitäre Regime und kriegerische Konflikte werden immer häufiger, während die irgendwie demokratisch regierten Länder immer weniger werden.

Die Universitäten, die seit der Gründung der Athener Akademie vor zweieinhalb Jahrtausenden die offene und kritische Infragestellung kultivieren, sind zu ordinären Rankingmaschinen mit technobürokratischem Output geworden, für das die Menge der Bürger:innen mehrfach zahlen soll: zweimal finanziell, indem sie für die Forscher:innen an den Universitäten und dann noch für deren Publikationen bei den in der Rankingmafia vorherrschenden Verlagskonzernen bezahlen, und einmal politisch, weil die kritische und der Demokratie verpflichtete Universität seit über zwanzig Jahren immer dezidierter in den Dienst der Technowissenschaften und der davon profitierenden Industrie gestellt wird, die eben diese schöne neue Welt der künstlichen Intelligenz hervorgebracht hat.

KI-Fortschritt erstickt Kritik im Keim

Doch wie jede Plage, hat auch diese einige Vorteile für den Demos: Die Fortschritte in der Medizin sind dabei wohl der Herausragendste, aber sie ersticken jede strukturelle Kritik an der KI schon im Keim, so wie sie auch die Kritik an der kapitalistischen Raubbauwirtschaft seit langem im Keim ersticken: Welcher Mensch möchte nicht von der modernen, KI-basierten Hochleistungsmedizin gerettet werden, wenn er einmal lebensbedrohlich erkranken sollte? Die vielbeschworene Konkurrenzfähigkeit ist dabei das Mantra der oberen und mittleren Managementebene einer erfolgsorientierten und konformistischen Informatiker(innen)-Zunft.

Abgesehen von diesen nur erst umrissenen Strukturproblemen, deren tiefere Bedeutungs- und Sinnebene mit den psychischen Ursachen des Konformismus verbunden sind, erleben wir einen zunehmenden Einbruch der Erfahrungswelt der Menschen, ihrer notwendig leiblichen Urteils- und Einbildungskraft (oder Phantasie).

Auch die Unwahrheit ist wirklich

Um nun direkter auf das Motto der Toleranzgespräche in Fresach zu kommen: Die Unwahrheit der großen Sprachmodelle wie ChatGPT ist genauso wirklich, aber sie gebiert eine Wirklichkeit, die das Vertrauen und damit eine hinreichend verlässliche Kommunikation zersetzt; eine Wirklichkeit, die aus einer algorithmisch hergestellten, gesammelten und eintrainierten, von der menschlichen Wahrnehmung bzw. von den Sinnen abgekoppelten „Informationsverarbeitung" besteht. Das damit einhergehende Deepfake, hergestellt von Chatbots und anderen Maschinen, ist zwar eine gefälschte, veränderte Wirklichkeit, sie kann aber nicht a priori als unwahr bezeichnet werden, denn dies würde einen davor erhobenen Wahrheitsanspruch voraussetzen.

Dennoch wäre eine solche Wirklichkeit, könnte sie ohne menschliches Urteilen und Handeln funktionieren, gleichsam dem Wahnsinn und schließlich der Selbstvernichtung preisgegeben, weil in ihr das Realitätsprinzip zugunsten eines stochastischen Big-Data-Sammelprinzips ausgehebelt wird. Noch verfallen die nicht gehegten Sprachroboter nach einiger Zeit in einen unverständlichen Kauderwelsch; doch mit einigem Training könnten sie eine Art „halluzinatorische" Identität aufbauen, ein körperloses, wahrnehmungsloses Gequatsche, wie manche Textstellen Jelineks, aber blutleer im eigentlichen Sinn; ein Gequatsche, das als Text oder als Stimme den Menschen ersetzt, insofern er *zoon logon echon* ist (griechisch: für das Lebewesen, das die Sprache hat). Diese Mimikry des Menschen mag „normaler" erscheinen als so mancher Präsident einer Weltmacht, doch vermag das nicht über die tragische Seite derart vorgetäuschter Wirklichkeit hinwegzutrösten.

Urteilskraft vs. Maschinengequatsche

Von halluzinatorischem Schreiben zu sprechen kann im Falle der KI nur metaphorisch sein, denn für eine Halluzination bedarf es der Psyche, der schöpferischen und im Leib verankerten Einbildungskraft, die dem Computing ja gerade abgeht. Was zu dieser Metapher veranlasst, ist aber nicht die in der Halluzination sich verselbstständigende Phantasietätigkeit, sondern das nicht vorhandene Realitätsprinzip, das auf einer vertrauenswürdigen menschlichen Wahrnehmung und dem damit verbundenen *common sense*, dem „gemeinen Menschenverstand" beruht, der sich im Englischen korrekterweise auf die Sinne beruft, die uns Menschen in der Regel gemein sind. Dieser *common sense* ist Gemeinschaft der Sinne *(koinê aisthêsis)* im doppelten Sinn, um mit Aristoteles zu sprechen, also die Verknüpfung aller Sinne zu einer Wahrnehmung und die Tatsache, dass die Sinne uns in der Regel gemein sind, unsere Gattungsgemeinschaft als Menschen maßgeblich prägen.

Nun gibt es auch Grund zur Zuversicht: die menschliche Urteilskraft ist einfallsreich und im günstigeren Fall, dort wo sie nicht ganz in den Fängen des religiösen oder fortschrittsideologischen Imaginären ist, bleibt sie irgendwie mit einer realistischen Wahrnehmung verbunden. Menschen, nicht nur *digital natives*, haben sehr rasch gelernt, sich der maschinellen Sprach- und Bildgebungskünste zu bedienen. Sie vermögen in kürzester Zeit ein KI-generiertes von einem menschlichen Bild zu unterscheiden, so wie minimal kunstaffine Menschen auf den ersten Blick ein industriell gefertigtes ‚abstraktes' Konfektions-Ölbild aus einem x-beliebigen Möbelhaus von einem ‚von Menschen Hand' gemalten Bild unterscheiden können.

Dasselbe gilt für Texte. Wir müssen also nicht die vorwissenschaftlichen Arbeiten und schon gar nicht die wissenschaftlichen Arbeiten abschaffen (aus Angst, dass wir den Studierenden auf den Leim gehen, wenn sie Chat-GPT oder ein anderes Programm einen Text schreiben lassen, den sie als eigenen ausgeben), sondern wir müssen uns endlich der gemeinsamen Besprechung der schriftlichen Arbeiten widmen, wozu es guter Betreuungsverhältnisse bedarf und nicht der Output-orientierten und massiv unterfinanzierten „Studienplatzbewirtschaftung".

Radikale Kritik der Repräsentation

Und das führt uns zu den politischen Entscheidungen, die bereits öffentlich diskutiert werden. Sie sind vielleicht mit dem verbunden, was Michel de Certeau die Kunst des (widerständigen) Handelns nennt. Doch es ist zu befürchten, dass nicht nur in der Tyrannis, sondern auch in der repräsentativen Demokratie, in der die Vertretung chronisch an der Stelle des Demos regiert, der Mensch sich auch durch seine Sprachmodelle gerne vertreten lassen wird. Sie sind dann ein weiteres Sprachrohr mit Vertretungsanspruch – neben den professionellen Vertreter:innen aller Parteien und Stakeholder, sowie den Meinungsumfragen und Medien aller Art, mehr oder weniger qualitätvollen. Was wir also nach wie vor benötigen, ist eine radikale Kritik der Repräsentation.

Claudia und Simone Paganini

Die Wahrheit wird euch frei machen (Joh 8,32)

Eine Spurensuche im Alten und Neuen Testament

„*Quid est veritas?*" oder „*Tí estin alétheia*" – denn im Judäa des ersten Jahrhunderts war Griechisch die Amtssprache der römischen Verwaltung – ist die letzte Frage, die Pontius Pilatus Jesus am Ende seines Prozesses stellt. Sein „Was ist Wahrheit?" wurde in der Rezeptionsgeschichte als rhetorische Frage gedeutet, als Ausdruck des Unglaubens oder gar Verhöhnung des Angeklagten. So oder so erhält Pilatus, damals Präfekt und damit höchster römischer Amtsträger, keine Antwort[1]. Dann geht er aus dem Prätorium hinaus, um der aufgebrachten Menschenmenge, die Jesus am Kreuz hängen sehen will, zu verkünden, dass er von der Unschuld des Mannes überzeugt sei (Joh 18,38).

In der Bibelwissenschaft geht man heute davon aus, dass diese berühmte Frage des Pilatus – sofern sie überhaupt als historisch gelten kann – sehr wahrscheinlich weder auf Latein noch auf Griechisch gestellt wurde, sondern in der Sprache, die damals in jenem abgelegenen Teil der Provinz Syrien gesprochen wurde, in dem Jerusalem lag, nämlich auf Aramäisch, der Muttersprache Jesu. In dem Fall hätte Pilatus – oder der Dolmetscher, den man möglicherweise hinzugezogen hatte, um ein Gespräch zwischen dem aus Mittelitalien stammenden Römer und dem Galiläer Jesus zu ermöglichen – „*Manu scherara?*" gefragt, was wörtlich übersetzt nun nicht mehr bedeutet „Was ist Wahrheit?", sondern „Wer ist Wahrheit?"

Die theologische Verschiebung, die sich aus dem Wechsel der Fragepartikel ergibt, ist nicht zu übersehen und verrät vielleicht schon die Absicht der Autoren der Evangelien, Jesus als DIE Wahrheit schlechthin zu stilisieren. Davon abgesehen ist auch die etymologische Herleitung von ‚Wahrheit' in den drei unterschiedlichen Sprachen jeweils eine völlig andere. *Veritas* auf Latein leitet sich vom Adjektiv *verus* ab, das „wahr" im Sinne von „begründet, wirklich, echt, zutreffend", aber auch „gerade,

1 Dazu ausführlich B. Kowalski, „Was ist Wahrheit?" (Joh 18,38a). Zur literarischen und theologischen Funktion der Pilatusfrage in der Johannespassion. In K. Huber u. a. (Hrsg), Im Geist und in der Wahrheit. Studien zum Johannesevangelium und zur Offenbarung des Johannes sowie andere Beiträge, Münster 2008, 201-227.

unverstellt, aufrichtig, vernünftig, richtig, gehörig" bedeutet. Die Endung „-itas" ist dann eine typische lateinische Endung zur Bildung von Substantiva, die eine Eigenschaft oder Qualität bezeichnen. Somit bedeutet *veritas* wörtlich „die Eigenschaft, wahr, also begründet, echt, vernünftig zu sein".

Was oder wer ist wahr?

Bildung und Bedeutung des griechischen *alétheia* sind hingegen gänzlich verschieden: Das Wort setzt sich aus dem Präfix „a-", das eine verneinende oder privative Bedeutung hat (*alfa privativa*), und dem Nomen *léthe*, abgeleitet vom Verb *lantháno,* das „Vergessen" oder „Verborgen-Sein" meint, zusammen. Wahrheit wird auf Griechisch also negativ definiert als das Gegenteil von etwas Verstecktem, Verborgenem. Somit impliziert Wahrheit „Offenbarung, Aufklärung, Manifestation", eine Offenlegung von etwas, das grundsätzlich zwar zugänglich, zugleich aber auch verborgen ist. Es lässt sich also ohne weiteres ein signifikanter Unterschied zwischen den beiden Wörtern feststellen.

Die Sachlage wird noch komplexer, wenn man auch das aramäische Wort für Wahrheit berücksichtigt, was möglicherweise – zumindest indirekt – einen Hinweis auf das Verständnis Jesu von Wahrheit liefert. Die aramäische Sprache verfügt nur über eine geringe Anzahl an abstrakten Begriffen. Dies lässt sich exemplarisch am Wort *scherara* verdeutlichen, das in seiner ursprünglichen Bedeutung konkret ist und zur Bezeichnung der Nabelschnur verwendet wird. Die darin zum Ausdruck gebrachte Vorstellung von Wahrheit kommt folglich einer Verbindung zwischen Mutter und Kind gleich, die durch den Austausch von Blut und Nahrung das Überleben des Ungeborenen sicherstellt. Sie offenbart ein tiefes, lebendiges und naturnahes Verständnis von Wahrheit, das sowohl von der griechischen als auch von der lateinischen Vorstellung deutlich abweicht und damit zugleich die klassische, um einiges nüchternere philosophische aristotelisch-thomistisch geprägte Definition von Wahrheit als *adaequatio rei et intellectus* (Übereinstimmung von Sache und Verstand) übersteigt, die fast zweitausend Jahre lang das Verständnis von Wahrheit in den westlichen Gesellschaften beeinflusst und geprägt hat.

Es wäre zweifellos von theologischem Interesse gewesen, hätten die Evangelisten eine Definition von Wahrheit aus dem Mund Jesu angeboten. Eine solche bleibt den Lesenden aber verwehrt. Vielmehr begnügt sich das Johannesevangelium damit, zu postulieren, dass Jesus die Wahrheit sei (Joh 14,6) und dass mit ihm die Fülle der Wahrheit in der Welt erschienen sei (Joh 1,17). Doch was für ein Verständnis von Wahrheit liegt Aussagen wie diesen zugrunde? Um hier ein besseres Verständnis zu gewinnen, erscheint es ratsam, einen Blick ins Alte Testament zu werfen und sich näher mit der hebräischen Tradition der Bibel auseinanderzusetzen.[2]

Wahrheit im Alten Testament

In der hebräischen Bibel wird Wahrheit selten als objektive Richtigkeit oder Übereinstimmung von Aussagen oder Meinungen mit empirischen Tatsachen verstanden. Viel wichtiger ist hier der Gedanke der Verlässlichkeit oder Vertrauenswürdigkeit. Etwas ist wahr, wenn es sich grundsätzlich bewährt hat[3]. Um dieses Konzept zum Ausdruck zu bringen, verwendet die hebräische Sprache im Wesentlichen zwei Worte: ´æmæt und ´æmūnāh. Beide sind nominale Ableitungen vom Verb ´aman, dem die Bedeutung von „stabil, zuverlässig, stimmig" oder auch „sicher sein" zukommt. Die beiden Nominalbindungen werden allerdings sehr unspezifisch gebraucht und identifizieren je nach Kontext verschiedene Aspekte des Wahrheitsbegriffs. Linguist:innen sind sich durchaus uneinig, wenn es darum geht, einen klaren semantischen Bedeutungsunterschied zu bestimmen. Es zeigt sich nämlich bereits in der Septuaginta, der griechischen Übersetzung der Bibel, eine erhebliche Schnittmenge. So werden die Begriffe „Festigkeit, Beständigkeit, Treue, Ehrlichkeit" und „Wahrheit", die gebraucht werden, um ´æmæt und ´æmūnāh wiederzugeben, in den verschiedenen Übersetzungen weitgehend unbestimmt, also je nach Kontext variierend gebraucht.

---

2 In diesem Beitrag geht es um das innerbiblische Verständnis von Wahrheit, also wie Wahrheit in der Bibel beschrieben wird. Spannend ist darüber hinaus auch die Frage, ob bzw. inwiefern die Bibel selbst wahr ist. Siehe dazu: S. Paganini – S. Jöris, Eine erfundene Geschichte? Oder wie sind die „Heiligen Schriften" wahr? Wahrheit(en) der Bibel am Beispiel der (literarischen) Figur des Mose. In: U. Lüke (Hrsg.), Wissenschaft - Wahrheit - Weisheit: theologische Standortbestimmungen, Freiburg 2018, 139-174. Zu biblischen Texten als Fake News siehe auch S. Paganini, Von Evas Apfel bis Noachs Steckmücke. Fake News in der Bibel. Freiburg 2019.

3 M. Köhlmoos, Wahrheit/Wahrhaftigkeit (AT). In: Das Wissenschaftliche Bibellexikon im Internet (www.wibilex.de) 2021, 1.

Der deutschen Semantik am nächsten sind die Passagen, wo es um überprüfte, gesicherte, beweisbare Sachverhalte geht. Dies ist vor allem in Gesetzestexten der Fall, besonders im Buch Deuteronomium. Wenn man nämlich nachgeforscht hat, einen Gegenstand untersucht und gründlich nachgefragt hat, dann darf ein Sachverhalt als Wahrheit (´æmæt) gelten (Dtn 13,15)[4]. Das ist auch die Grundvoraussetzung für die Arbeit der Richter. Sie sollen sich nicht bestechen lassen und aktiv nach der Wahrheit suchen. Ebenfalls sollen Zeugen ehrlich sein und keine Lügen erzählen. „Männer der Wahrheit" (Ex 18,21) sind dann – idealerweise – vor allem die Führer des Volkes. Wahr ist also – zumindest in diesem juridischen Sprachgebrauch – etwas, das sich überprüfen lässt[5].

Wahr können Sachverhalte, Zustände, aber auch Personen und deren Handlungen sein. Im Zusammenhang mit menschlichen Handlungen bzw. Aussagen kann ´æmæt auch „Zuverlässigkeit" oder „Aufrichtigkeit" bedeuten, nämlich so lange, wie die „Wahrheit" – in diesem spezifischen Kontext – noch nicht eindeutig feststeht. Diese Aspekte ergänzen einander, sodass für das Alte Testament grundsätzlich gilt, dass die Wahrheit – ganz im Sinne der klassischen Korrespondenztheorie – eine Übereinstimmung von Wort und Wirklichkeit bezeichnet[6].

Zugleich handelt es sich bei der Wahrheit aber nicht nur um etwas Abstraktes. Wahrheit kann nämlich auch „getan werden" (Neh 9,33). In diesem Sinn bezeichnen ´æmæt und ´æmūnāh ein Geschehen, das eine verlässliche Basis für das menschliche Zusammenleben ermöglicht (Jes 33,6). Menschliche ´æmæt ist nämlich die nötige Voraussetzung dafür, dass eine Gesellschaft überhaupt funktionieren kann, ohne ´æmæt herrschen anarchische, unkontrollier-

---

4 Ähnlich auch in Dtn 17,4 und Dtn 22,20.

5 In diesem Sinn wird das Wort auch in der Episode von Salomo und der Königin von Saba, welche die Gerüchte über Salomo überprüfen will (1Kön 10,16), sowie in der Josefsgeschichte verwendet, wo Josef verkündet, die Worte seiner Brüder überprüfen zu wollen (Gen 42,16). Ähnliches gilt auch für die Auseinandersetzung zwischen Jeremia und den falschen Propheten. Ein Prophetenwort ist nämlich wahr, wenn es eintrifft (Jer 28,9) oder wenn das Wort Gottes verkündet wird (Jer 23,28). Dazu ausführlich H. J. Hermisson, Kriterien „wahrer" und „falscher" Prophetie im Alten Testament: zur Auslegung von Jeremia 23,16-22 und Jeremia 28,8-9. In: Zeitung für Theologie und Kirche 92 (1995) 121-139.

6 J. van Oorschot, Wahrheit/Wahrhaftigkeit I. In: Theologische Realenzyklopädie, Berlin 1977-2004, 338.

bare Zustände (Jes 59,14-15)[7]. Die Wendungen „in Wahrheit gehen" (1Kön 2,4; 3,6; 2Kön 20,3; Jes 38,3; Ps 26,3; 86,11) und „Wahrheit machen" (Gen 47,29; Jos 2,14; 2Chr 31,20; Ez 18,9) sind schließlich im Kontext des Einhaltens des Bundes zu verstehen.

Auch wenn *'æmæt* und *'æmūnāh* grundsätzlich auf Gott bezogen werden, ergeben sich keine wesentlichen semantischen Unterschiede, sofern Menschen in den Blick kommen. Die einzige Differenz ist eine ontologische und damit qualitative: Während der Mensch ständig Gefahr läuft, die Wahrheit zu verraten oder ihr nicht zu entsprechen, ist Gott immer wahr. Texte wie Num 23,19 – „Nicht ein Mensch ist Gott, dass er lüge" – oder Ps 116,11 – „Alle Menschen sind Lügner" – identifizieren gar am Scheidepunkt zwischen Wahrheit und Lüge die Grenze zwischen Menschen und Gott[8]. Gottes Wahrheit wird in Psalm 91,4 als „Schild und Wehr" besungen, „Wahrheit" wird häufig als Prädikat Gottes gebraucht (Ps 31,6; Jes 49,7; Dtn 7,9; 32,4). Auch sind Wahrhaftigkeit und Treue Merkmale Gottes inneren Wesens und seines Wirkens in der Welt (Ps 25,5; 40,11-12; 57,11; 108,5; 115,1; 117,2; 138,2). „Es ist wahr" (Jes 43,9) bekennen daher die Zeugen und erkennen damit die Wirkmächtigkeit Gottes in Natur und Geschichte an. „Göttlichkeit ohne Wahrheit ist somit undenkbar"[9]. Deshalb wird auch Gottesvertrauen gelobt, während diejenigen, die unkritisch auf die Menschen vertrauen, sich als Toren erweisen (Spr 14,15; 26,25 und insbesondere Ijob 4,18; 15,15).

Vor allem die Psalmen besingen und preisen diesen Aspekt des Wesens Gottes, weshalb sich der Gott Israel auch als einzig wahrer Gott offenbart. *'æmæt* ist also charakteristisch für das Wesen Gottes und soll den Menschen dazu heranführen, auf diesen wahrhaften Gott zu vertrauen. Auch bezeugen die Existenz von Himmel und Erde die Wahrheit Gottes (Ps 146,6)[10].

---

7   M. Köhlmoos, Wahrheit/Wahrhaftigkeit (AT). In: Das Wissenschaftliche Bibellexikon im Internet (www.wibilex.de) 2021, 6. Das ist auch der Grund, warum in der hebräischen Bibel an einer Vielzahl von Stellen vor lügnerischer Rede gewarnt (1Kön 22,16; Jer 9,4; Spr 12,22) bzw. der Mangel an Rechtschaffenheit angeprangert wird (Hos 4,1-3; Jer 5,1).

8   J. van Oorschot, Wahrheit/Wahrhaftigkeit I. In: Theologische Realenzyklopädie, Berlin 1977-2004, 338.

9   J. van Oorschot, Wahrheit/Wahrhaftigkeit I. In: Theologische Realenzyklopädie, Berlin 1977-2004, 339.

10   „Im Himmel steht fest meine Wahrheit" besingt Ps 89,3.

Wahrheit im Neuen Testament

Grundsätzlich bezeichnet das Wort *alétheia* auch im Neuen Testament die Objektivität eines Geschehens (Mk 5,33) oder die Richtigkeit eines Wortes (Mt 22,16; Mk 3,28; 5,18; 12,14.32; Lk 4,24)[11], wobei bereits eine überblicksartige Untersuchung des Wortfeldes eine starke Verbindung zu Verben des Sprechens bzw. mit Ausdrücken zeigt, die im Zusammenhang mit der Darstellung und Erklärung einer Lehre stehen (Mt 22,16; Mk 12,14.32; Lk 20,21). Der Begriff *alétheia* wird auch verwendet, um Ereignisse zu beschreiben, die tatsächlich stattgefunden haben[12].

Besonders hervorzuheben sind jene Stellen, an denen eine Rede Jesu mit der Formel *amén légo húmin* (Amen, ich sage euch) eingeleitet wird. Das hebräische Wort *amen*, das im Griechischen unübersetzt übernommen wird und dem bis heute in der christlichen Liturgie ein wichtiger Stellenwert zukommt, ist eine adverbiale, aus der Verbwurzel ʼaman abgeleitete Partikel. Es dient dazu, den Anspruch höchster Autorität Jesu zu bekräftigen und seine Aussagen zu unterstreichen.

Besondere theologische Valenz erhält das Wort *alétheia* im Johannesevangelium und in den Johannesbriefen[13]. Auch in diesen Schriften wird der Begriff natürlich gebraucht, um ganz allgemein die Übereinstimmung zwischen Wirklichkeit und Aussage zu beschreiben. Jesus ist auch im vierten Evangelium zunächst und überhaupt derjenige, der die Wahrheit sagt (Joh 8,40-45; 16,7) und sie bezeugt (Joh 18,37; 19,35; 21,24).

Seine Besonderheit bekommt der Ausdruck *alétheia* aber, wo er semantisch in theologischer Hinsicht näher bestimmt wird. Es handelt sich dabei aber nicht um einen neuen Wahrheitsbegriff, sondern vielmehr um eine andere Dimension von Wahrheit. Bereits im Prolog des Evangeliums wird *alétheia* mit dem in die

---

11 Die folgenden Beobachtungen beruhen auf dem einschlägigen Standardwerk von C. Landmesser: Wahrheit als Grundbegriff neutestamentlicher Wissenschaft (WUNT 113), Tübingen 1999. Überblickartig zusammengefasst sind die wichtigsten Erkenntnisse in C. Landmesser, Wahrheit (NT). In: Das Wissenschaftliche Bibellexikon im Internet (www.wibilex. de) 2011.

12 In Apg 4,27 wird mit der Wendung *ép' alétheia* (wahrheitsgemäß) die Erfüllung einer Prophetie behauptet und in Apg 12,9 wird ebenfalls das tatsächliche Sich-Ereignen einer Vision mit der Wendung *aléthes estin* (es ist wahr) bekräftigt bzw. bestimmt.

13 J. Blank, Der johanneische Wahrheitsbegriff. In Biblische Zeitschrift (neue Folge) 1963 (7), 163-173.

Welt eintretenden *logós* in Verbindung gebracht (Joh 1,14-17). Dies macht aus Jesus den „Offenbarer der göttlichen Wahrheit in geschichtlicher Konkretion"[14]. Jesus gilt jedoch nicht lediglich als derjenige, der die Wahrheit offenbart, er identifiziert sich vielmehr selbst mit der Wahrheit, denn das Wort Gottes ist die *alétheia* schlechthin (Joh 17,17). Der Zugang zu dieser göttlichen Wahrheit ist eigentlich nur durch den Sohn Gottes möglich, der von Anbeginn an bei Gott war (Joh 1,1-2). Weil Gott die Wahrheit ist (Joh 3,33), ist Jesus, der von diesem Gott entsandt wurde (Joh 8,26; 7,28), ebenso „wahrhaftig", seine Herkunft ist die Voraussetzung dafür, dass er sich selbst als *alétheia* bezeichnen darf (Joh 14,6): „Ich bin der Weg und die Wahrheit und das Leben" (Joh 14,6). In dieser Aussage gipfelt das Christus-zentrierte Wahrheitsverständnis des Johannesevangeliums.

Vor diesem Hintergrund sind dann auch all jene Metaphern zu verstehen, welche die Exklusivität der johanneischen Christologie zum Ausdruck bringen: Jesus ist das „wahre Licht" (Joh 1,9), der „wahre Weinstock" (Joh 15,1), das „wahre Brot" (Joh 6,32.55) und der „wahre Retter der Welt" (Joh 4,42; 1Joh 4,14), wobei sich diese Rettung durch den bzw. dank dem „Geist der Wahrheit" vollzieht (Joh 14,17; 15,26; 16,13; 1Joh 4,6), der außerdem die Funktion hat, die Jünger „in die ganze Wahrheit" zu führen (Joh 16,13; 1Joh 4,6).

Die glaubende Antwort der Menschen führt dazu, dass auch sie an der Wahrheit teilhaben (Joh 18,37 und 1 Joh 3,19-20), auf diese Weise „wahre Jünger" (Joh 8,31-32) werden und dafür mit innerer Freiheit belohnt werden, denn – so heißt es – „die Wahrheit wird euch befreien!" (Joh 8,32). Die unmittelbaren Konsequenzen daraus kommen im ersten Johannesbrief zur Sprache: die Wahrheit muss „getan" werden (1Joh 1,6) bzw. man muss in der Wahrheit „wandeln" (2 Joh 4). Diese ethische Dimension des wahrhaftigen Handelns führt schlussendlich auch zur wahren Erkenntnis Gottes (1Joh 5,20).

---

14 H. C. Link, Wahrheit/Lüge. In: Theologisches Begriffslexikon zum Neuen Testament, Wuppertal 2000, 1844.

Wahrheit in den Paulus-Briefen

Zuletzt soll noch eine weitere Sammlung im Neuen Testament Erwähnung finden, nämlich die paulinischen Briefe. Für Paulus ist die Wahrheit zunächst das Gegenteil von Lüge (Röm 9,1), er rühmt sich auf der Seite der Wahrheit zu stehen (2Kor 12,6)[15]. Bei der Wahrheit handelt es sich für ihn um eine bzw. die entscheidende Kategorie, die vor allem dann zum Tragen kommt, wenn es darum geht, eine Entsprechung zwischen der Realität und der eigenen Predigt zu argumentieren (Röm 9,1; 2Kor 12,6; Eph 4,25; 1Tim 2,7). Der Wahrheit kommt aber auch eine moralische, mit der Verkündigung Jesu zusammenhängende (Rom 2,2 und vor allem Phil 1,18) Funktion zu, denn die richtige Deutung der Realität ist untrennbar mit dem daraus resultierenden richtigen Handeln verbunden (Eph 5,9; 6,14; Kol 1,6; 2Kor 13,8).

Im ersten Teil des Römerbriefes scheint die Positionierung zur Wahrheit die ontologische Unterscheidung zwischen Gott und Mensch auszumachen. Ganz im alttestamentlichen Sinn wird die Wahrheit Gottes nämlich der Lüge der Menschen gegenübergestellt (Röm 1,25; 3,7). Nur Gott ist wahrhaftig, der Mensch ist dem Wesen nach ein Lügner (Röm 3,4). Typisch für Paulus ist neben dieser negativen Anthropologie auch die zusammengesetzte Wendung *he alétheia tou euaggelióu* (die Wahrheit des Evangeliums) (Gal 2,5.14)[16]. Damit betont er die Unveränderbarkeit und Absolutheit der jesuanischen Botschaft, die immer gleich bleibt und eindeutig ist.

Vor allem im Brief an die Galater spürt man die Ablehnung Paulus gegen einige Mitglieder der Gemeinde, die seiner Meinung nach von dieser Wahrheit abgewichen sind (Gal 5,7). Die Wahrheit des Evangeliums beinhaltet die Gesamtheit der Hoffnung, die aus dem Christusgeschehen abgeleitet wird. So gesehen können die Wendungen „Wahrheit des Evangeliums" und „Evangelium Christi" als Synonyme betrachtet werden. Denn für Paulus besteht die einzige Wahrheit in der Verkündigung des Evangeliums (Gal 4,13.16)[17], das

---

15 In 2Kor 7,14 gilt dies auch für seinen Mitarbeiter Titus.

16 Mit unterschiedlichen Schattierungen ähnlich auch in Eph 1,13; 2Kor 4,2-3; Kol 1,5; 2Tim 2,15.

17 C. Landmesser, Wahrheit als Grundbegriff neutestamentlicher Wissenschaft (WUNT 113), Tübingen 1999, 223-238.

mit dem wirkungsvollen Wort Gottes (2Thess 2,13) bzw. mit Jesus Christus (Gal 1,7; 3,1; Röm 15,19; 1Kor 9,12; 2Kor 2,12; 9,13; Phil 1,27; 1Thess 3,2) identisch ist[18]. Auch im übrigen Neuen Testament bezeichnet die Wendung „Wort der Wahrheit" stets das Evangelium (z.b. Eph 1,13; Kol 1,5), wobei dies dem Einfluss der paulinischen Theologie geschuldet sein dürfte.

Was ist nun die Wahrheit?

Eine systematische Darstellung oder gar lineare bzw. kohärente Entwicklung des Wahrheitsbegriffs in den Texten der Bibel zu erwarten, wäre – wenn nicht anachronistisch, so zumindest – unrealistisch. Dennoch zeigen sich Tendenzen. Die Schriften des Alten Testaments sind nicht in erster Linie an einer theoretischen Reflexion über die Wahrheit im Sinne einer Entsprechung von Meinung und Wirklichkeit interessiert, sondern vielmehr an der theologischen und der praktischen Dimension der Wahrheit. In Übereinstimmung mit der Gottesvorstellung des Alten Orients wird festgestellt, dass die Sphäre der Gottheit die Sphäre des Menschen übersteigt, dass Gott die Wahrheit schlechthin ist, während der Mensch sich anstrengen muss, wenn er wahrhaftig oder zumindest verlässlich sein will.

Im Kontext der Schriften des Paulus um die Mitte des 1. Jh. n. Chr. und vor allem in den späteren Werken der johanneischen Schule verändert sich das insofern, als in Jesus Christus zwar die letzte und endgültige Wahrheitsinstanz gesehen wird, diese allerdings nur im Kontext einer glaubenden Gemeinschaft ihre Gültigkeit behält. Wahrheit ist also nicht bloß eine objektiv feststellbare Entsprechung von Sachverhalt und Aussage, sondern erhält eine eschatologische Valenz. Die Wahrheit des Neuen Testaments ist letztlich eine göttliche Dimension, in der sich für die Christusgläubigen – in Abgrenzung von einer durch die Lüge beherrschten Welt – die einzig sinnvolle Möglichkeit einer erfüllten Existenz offenbart. In diesem Sinne ist es auch stimmig, dass vom Teufel, dem Widersacher Jesu und der Kirche, als dem „Vater der Lüge" (Joh 8,44) gesprochen wird.

---

18 So sind auch die Aussagen „die Wahrheit, die in Jesus ist" (Eph 4,21) und „die Wahrheit Christi, die in mir ist" (2Kor 11,10) zu verstehen.

In der Wahrheit zu sein dagegen bedeutet biblisch gesprochen aus der Wahrheit zu leben (Joh 18,37; 1Joh 2,21). Im Neuen Testament wird die Wahrheit zugleich als Synonym für Jesus Christus gebraucht, der ihr Mittler und zugleich Vollender ist (Joh 1,17; 14,6). In der Offenbarung schließlich, der letzten Schrift der Bibel, findet sich noch einmal ganz ausdrücklich eine Rückbindung an das Heilshandeln des auferstandenen Christus: Er ist nun nicht nur der „Heilige", sondern in erster Linie *hó alethinós* – der „Wahrhaftige" (Offb 3,14; 6,10; 19,11). Ob wir als Lesende der heiligen Schriften bzw. dieses Artikels mit solchen theologischen Konzepten konform gehen können oder wollen, ist in erster Linie eine Frage des Glaubens und nicht der überzeugenden Argumentation. Was man aber unabhängig vom eigenen Glauben und der eigenen Weltanschauung aus diesen Texten mitnehmen kann, ist der – sehr berechtigte – Anspruch, dass Wahrheit viel mit Praxis, und zwar mit der richtigen Praxis zu tun hat. Die Wahrheit ist nicht einfach etwas, das man besitzt wie ein beliebiges Artefakt oder ein spezifisches Wissen, sie muss im Handeln konkret werden oder scheitert eben dort.

Prof. Dr. Claudia Paganini hat Philosophie und Theologie in Innsbruck und Wien studiert. Nach beruflichen Stationen an der Universität Innsbruck und als Gastdozentin in Mailand, Athen, Zagreb und Limerick vertritt sie seit April 2021 die Professur für Medienethik an der Hochschule für Philosophie München.

Prof. Dr. Simone Paganini studierte katholische Theologie in Florenz, Rom und Innsbruck. Als Bibelwissenschaftler war er an den Universitäten von Wien und München tätig, bevor er 2013 den Ruf als Professor für Biblische Theologie an der RWTH Aachen annahm.

Gemeinsam haben die beiden drei Kinder, viele Tiere und schreiben Sachbücher zu den unbekannten Seiten der Bibel, zuletzt im Gütersloher Verlagshaus: Der unbekannte Messias: Die Ecken und Kanten des Jesus von Nazareth. Gütersloh 2024.

Hatto Käfer

Wirtschaft und Wahrheit

Eine sanfte Polemik

„Wirtschaft und Wahrheit" – dieses fast flauschige Begriffspaar bietet eine hervorragende Gelegenheit, sich zwischen alle Stühle zu setzen. Doch die so seltene Chance einer genaueren öffentlichen Betrachtung darf man sich nicht entgehen lassen, geht es doch in Fresach um die Diskussion zukunftsweisender Konzepte, und bekanntlich ist jegliche Form von Gedankenaustausch umso fruchtbringender, je mehr unterschiedliche Standpunkte vorgebracht werden.

Wirtschaft könnte man nebulos als jenen Teil der Gesellschaft ansehen, dem es gut gehen soll, damit es der gesamten Gesellschaft ebenso ergeht, um diesen ob seines hohen Erinnerungswertes letztendlich genialen Slogan aus dem Jahr 2004 wieder einmal zu verwenden. Auf der anderen Seite gibt es jene Ideologen, für die die Wirtschaft – aufgrund leidvoller individueller Erfahrung, des Lesens von in die Jahre gekommenen, pompösen Manifesten oder aus einer selbstgewählten proletarischen Gesinnung heraus – kategorisch das Reich des Bösen und der Finsternis darstellt. Für unsere Zwecke empfiehlt es sich, eine Spur spezifischer zu werden, insbesondere – da es hier im Kern um die Wahrheit geht – muss das Potential der Wahrheit, ihr durch Sammlung von Information nahezukommen, genutzt werden. Vor diesem Hintergrund ist Wirtschaft „*die Summe der Unternehmen, die Produkte und Dienstleistungen an Personen oder andere Unternehmen verkaufen, die bezüglich des Kaufobjektes strukturell über ein geringeres Wissen als die Anbieter verfügen.*"

Was nun die Wahrheit betrifft, so möchte ich auf Gustave Flaubert zurückgreifen, der da meinte: „*Das Wahre gibt es nicht, nur verschiedene Arten des Sehens.*" und dieser aus dem praktischen Leben gegriffenen Defintion noch den traditionellen, ontologischen Wahrheitsbegriff der Philosophie zur Seite stellen, dass „*eine Aussage wahr ist, wenn sie mit dem tatsächlichen Zustand der Welt übereinstimmt*".

Der Dichter meint also, dass es selbst ohne böse Absicht mehrere, voneinander abweichende Wahrheiten geben kann, und der unbekannte Philosoph sieht die Wahrheit als eine Frage der optimalen Annäherung an ein Phänomen. Die beiden vollkommen unterschiedlichen Herangehensweisen sind kein Widerspruch, sondern ergänzen im Ergebnis einander, sodass zumindest Flaubert schon einmal Recht hat. Wenn nun die Fresacher Wahrheitscharta festhält, dass Europa heute davon ausgeht, dass sich die Wahrheit aus einer vorurteilsfreien Beobachtung und Analyse der Fakten von selbst ergibt, so hat sie damit sicherlich recht. Sie übersieht dabei lediglich, dass die Zahl der Menschen, die vorurteilsfrei analysieren und beobachten können und ihre Eigeninteressen bewusst aktiv ausblenden, gering ist und dass sie in Zeiten eines abnehmenden gesellschaftlichen Zusammenhalts kontinuierlich schwindet.

Das Gebot der Wahrheit

Jedoch, warum eigentlich die Fragestellung Wirtschaft und Wahrheit? Zum einen ist sie von Bedeutung, da sich niemand dem Wirtschaftssystem entziehen kann und auch will. Spätestens seit Adam Smith sind dessen unschlagbare Vorteile für alle, die an ihm teilnehmen, nachvollziehbar und unwiderlegbar erklärt. Wirtschaft geht alle an, wir alle sind – zu unserem eigenen Wohle – Subjekt und Objekt der Wirtschaft.

Zum anderen geht jegliches Wirtschaften auf die Gedanken, Regungen und Handlungen von Menschen zurück. Die Wirtschaft ist daher kein anonymer, mechanistisch agierender Leviathan, sondern sowohl im einzelnen, als auch in Summe Ausfluss der Conditio humana. Und um diese ist es nicht immer zum Besten bestellt. Andernfalls hätte Moses nicht den beschwerlichen Anstieg auf den Berg Sinai unternehmen müssen, um sich vierzig Tage lang mit dem Herrn zu unterhalten und als greifbares Resultat die Zehn Gebote zu seinem Volk ins Tal zu bringen.

„Du sollst nicht falsch Zeugnis reden wider deinen Nächsten."

In christlichen Belangen Berufenere als ich es bin legen das 8. Gebot verhältnismäßig eng aus und beschränken es auf Aussagen vor Gericht bzw. auf die verleumderische Rede über einen Dritten. Ich gestatte mir aber, es mit weitem, offenen Herzen zu interpretieren und das Verbot der Lüge – sprich das allgemeine Gebot zur Wahrheit – ebenfalls darunter zu subsumieren.

Und da das Sagen der Unwahrheit unbestrittenermaßen in vielen Fällen Vorteile bringt und – wie oben erwähnt – der professionelle Wirtschaftstreibende über einen strukturellen beachtlichen Wissensvorsprung gegenüber seinem Kunden verfügt, ist das Risiko, dass er die Wahrheit zumindest aus einer eigenwilligen, ihm zu Nutze gereichenden Perspektive sieht, auch beim besten Willen nicht von der Hand zu weisen. Die Kernfrage lautet somit, wie erreichen es die Gesellschaft und ihr zuweilen voraus-, dann wieder hinten nach eilender Erfüllungsgehilfe, die Politik, dass die Wirtschaft sich der Wahrheit verpflichtet fühlt?

Die Obrigkeiten der vergangenen Jahrhunderte zeigten sich bei der Motivierung zur Wahrheit wenig zimperlich – Falschmünzer wurden in siedendes Öl geworfen, und Safranfälschern die Finger abgehackt. Da durfte sich der Bäcker, der sich beim Gewicht von Semmeln und Brot oder bei der Qualität der Zutaten von der knausrigen Seite gezeigt hat, noch glücklich schätzen, wenn er nur einige Male, in einem Gitterkorb gefangen, unter dem Gejohle der Menge ins kalte und zu dieser Zeit zumeist unhygienische Flusswasser untergetaucht worden ist.

Auch wenn es der Konsum traditioneller wie sozialer Medien nicht immer vermuten lässt, leben wir im europäischen Hier und Heute auch in Bezug auf die Durchsetzung von Idealen und Vorschriften in der besten aller möglichen Welten, und ein jeder wird selbst die Ultima Ratio gegen eine Person, die es im Wirtschaftsleben mit der Wahrheit nicht so genau genommen hat – jahrelangen Gerichtsverhandlungen, Geldbußen und ggf. Einsitzen im wohltemperierten Gefängnis – den vormals angewandten Methoden vorziehen. Welche Prinzipien, Methoden und Werkzeuge finden also heute Anwendung, um den Wirtschaftstreibenden zur Wahrheit anzuhalten, zumindest die Gefilde der Wahrheit nicht allzuweit zu verlassen?

Die vier Wahrheitstreiber

Es sind im Wesentlichen vier Wahrheitstreiber: Der erste, intrinsische, ist die *Einsicht* des Wirtschaftstreibenden, danach folgt die *Transparenz* in allen ihren Formen, auch der *Wettbewerb* spielt eine ganz wesentliche Rolle, und nicht zuletzt kommt *König Kunde* mit ins Spiel.

Da dieses Lesebuch in der christlichen Denkwelt erscheint, beginnen wir mit dem Guten im Menschen, konkret mit jenen klugen Artgenossen, die bei einer Übervorteilung des Anderen das mittel- und langfristige Risiko erkennen, dass der Düpierte sich ein für allemal vom Missetäter abwendet.

Wahrheit als Wettbewerbsvorteil

Die innere Einsicht in ihren nachhaltigen Nutzen ist die ursprünglichste, kostengünstigste und am einfachsten zu administrierende Treibkraft, sich der Wahrheit zu verpflichten. Ein Unternehmer hat die Wahl, diese Strategie als Selbstverständlichkeit umzusetzen oder sie als Alleinstellungsmerkmal proaktiv zu propagieren, etwa mit großzügigen Garantieversprechen, die über die gesetzliche Gewährleistungspflicht hinausgehen, oder mit der freiwilligen Verpflichtung zur Rücknahme der erworbenen Ware, wenn etwas nicht stimmt mit ihr.

Der Preis für die Wahrheit verbunden mit der Großzügigkeit besteht allerdings darin – leider befinden sich auch auf der anderen Seite des Ladentisches auch nicht immer reine Engel, seinerseits das Opfer von zielgerichtet eingesetzter Unwahrheit zu werden – ein Risiko, das in die kaufmännische Kalkulation einfließen muss. Klug eingesetzt, stellt der erkennbare Hang zur Wahrheit aber jedenfalls einen nicht so leicht einzuholenden Wettbewerbsvorteil dar.

Mehr Vertrauen durch Transparenz

Transparenz ist zwar in der Modewelt nicht mehr so modern, dafür hat sie in den Politikbetrieb und ins Wirtschaftsleben fulminanten Einzug gehalten. Das erste bekannte und am weitesten verbreitete Werkzeug der unternehmerischen Transparenz – Buchhaltung und Rechnungswesen in Form der doppelten Buchführung – geht ins 13. Jahrhundert zurück und wurde in Italien entwickelt. Die älteste überlieferte Jahresbilanz im deutschen Sprachraum datiert aus dem Jahr 1511, verfasst hat sie der Buchhalter der Familie Fugger, Matthäus Schwarz.

Rechnungswesen, die regelmäßige und systematische Aufzeichnung von Geld- und Leistungsströmen für den besseren Überblick, hat zwar stricto sensu nur wenig mit dem Gegenstand der vorliegenden Betrachtung zu tun, denn kaum ein Kunde lässt sich vor dem Kaufabschluss die letzte Jahresbilanz vorlegen. Dennoch ist das Rechnungswesen wichtig, weil es die Grundlage des gesamten Berichtswesens von Wirtschaftsbetrieben darstellt. Darüber hinaus sind Bilanz wie Gewinn- und Verlustrechnung für den Sonderfall einer Kunden-Beziehung, für Investoren oder Kreditgeber von außerordentlicher Relevanz.

Schon allein aus rechtlichen Gründen nicht mehr wegzudenken ist die sogenannte ESG-Berichterstattung, mit der ein Unternehmen seine Anstrengungen darlegt, um Fortschritte in Umwelt- und Sozialfragen sowie verantwortungsvoller Betriebsführung zu erzielen. Die Bemühungen einer Organisation zu mehr Nachhaltigkeit und höherer Ethik stellen nicht nur erwiesenermaßen Kriterien für die Kaufentscheidung vieler Kunden dar, sondern werden auch von finanzstarken und damit einflussreichen Anlagefonds mit Nachdruck eingefordert.

Abgesehen davon erlässt der europäische Gesetzgeber immer mehr ESG-relevante Vorschriften, und der strategisch denkende Investor ist durchaus in der Lage, anhand von Initiativen in Bezug auf Umwelt, Gesellschaft und Managementprinzipien Chancen und Risiken für das Unternehmen zu erkennen. Insbesondere sind die Verordnung über nachhaltigkeitsbezogene Offenlegungspflichten im Finanzdienstleistungssektor sowie die Richtlinie zur Nachhaltigkeitsberichterstattung von Unternehmen zu erwähnen, schließlich auch die Taxonomie-Verordnung. Letztere definiert Kriterien, anhand derer die ökologische Nachhaltigkeit von Wirtschaftstätigkeiten zuverlässig bewertet werden kann. Der jüngste Baustein umfassenden Berichtswesens, die Richtlinie über die Sorgfaltspflichten von Unternehmen im Hinblick auf Nachhaltigkeit, ist uns allen aus der tagesaktuellen Diskussion unter dem Titel EU-Lieferkettengesetz in bester Erinnerung. Ungeachtet aller, zum Teil nicht von der Hend zu weisenden Kritik wird diese Richtlinie wohl auch für „mehr Wahrheit in der Wirtschaft" sorgen.

Systeme der Wahrheitsdokumentation

Werden die oben erwähnten wahrheitsfördernden Transparenzinstrumente vom Gesetzgeber oktroyiert, so gehen kollektive Wahrheitsdokumentationssysteme auch auf freiwillige Initiativen der Kaufmannschaft zurück – die Rede ist von dem mittlerweile unüberschaubar gewordenen Wildwuchs an sogenannten Labeln. Ursprünglich stand dieser Terminus lediglich für ein an der Ware angebrachtes Etikett, nun verbindet der Volksmund damit vorwiegend Qualitäts- oder Gütesiegel. Sie dienen dem Verbraucher dazu, ohne viel Aufwand für Prüfung und Recherche zuverlässig gewisse für ihn wesentliche Charakteristika der Produkte oder ihres Anbieters in Erfahrung zu bringen.

Umwelt, Nachhaltigkeit, die neuerdings vielbeschworene Regionalität („Die Hölle, das ist der Produzent in der Ferne", um Jean-Paul Sartre zu paraphrasieren), Sicherheit, Gesundheitsschutz und vieles andere mehr werden heute „gelabelt". Das Aufkommen von Labels ist die logische Folge des je nach Perspektive bedauerlichen oder erfreulichen Umstandes, dass die Welt mittlerweile zu komplex geworden ist, um sie rasch und effizient zu erfassen. Der Nutzen jedes dieser Siegel hängt von der Kompetenz und vom Verantwortungsbewusstsein der Organisation ab, die die Einhaltung der labelspezifischen Auflagen und Verpflichtungen kontrolliert, und wie überall ist auch hier der Bogen weit gespannt.

Wer sich, um einige Beispiele anzuführen, am Österreichischen Umweltzeichen, am EU-Ecolabel oder am AMA-Biosiegel mit Ursprungsangabe orientieren will, kann sich der Seriosität und Akribie staatlicherseits eingerichteter Organisationen und Verfahren sicher sein. Dies kann natürlich auch bei den kooperativ installierten Gütezeichen der Fall sein, der bewusste Konsument wird jedoch ein prüfendes Auge auf deren Kriterien und auf die für die Einhaltung der Spielregeln und Versprechungen bürgenden Organisationen werfen.

Bei der Kennzeichnung besonderer Eigenschaften und Qualitäten sind der Phantasie keine Grenzen gesetzt, die Label-Datenbanken beinhalten dabei neben vielem Erwartbarem auch Überaschendes: Welcher Laie hätte sich Gütesiegel für anerkannte

Bewegungskindergärten, umweltschonendes Schiffsdesign oder eine mittelstandsorientierte Kommunalverwaltung erwartet?

Konkurrenz belebt die Wahrheit

Wo Wirtschaft ist, dort ist auch Konkurrenz, sieht man vom Sonderfall staatlich verordneter Monopole ab, die zum Glück tendenziell im Schwinden begriffen sind. Der Wettlauf um Kunden, Marktanteile, Umsätze und Gewinne findet mit einer Vielzahl von hoch entwickelten Werkzeugen statt – um nur einige zu nennen: Beschaffungsstrategie, Produktionstechnik, Qualifizierung der Mitarbeiter und deren Bindung ans Unternehmen, Kostenoptimierung sowie Marketing und Öffentlichkeitsarbeit.

Über die eigenen Anstrengungen hinaus hat der Wettbewerber auch ein scharfes Auge auf diejenigen, die im selben Teich fischen wie er selber. Und kaum jemand kann leichter und sachkundiger feststellen, wie es ein Unternehmen mit der Wahrheit hält, als sein Konkurrent es tut, kennt dieser doch alle Regeln und Besonderheiten des Geschäfts und weiß er bestens, was möglich ist und wo geschwindelt und gelogen wird. Er kennt sogar jene Lügen, die genau genommen gar keine sind. Damit sind etwa die Auslassungen wichtiger Informationen gemeint, unter kräftiger Propagierung anderer Merkmale. Bei verlockenden Hinweisen auf wohltuende Daunenfedern im angebotenen Bettzeug findet die betrübliche Tatsache, dass den Gänsen die Federn bei lebendigem Leibe gerupft werden, üblicherweise keine Erwähnung – denn dies könnte dem sich nach einem angenehmen Ruhekissen Sehnenden den Schlaf rauben.

Und wer kann es einem Unternehmen verdenken, sich dagegen zu wehren, wenn es zusehen muss, dass sein Konkurrent aufgrund eines selbstverschuldeten Mangels an Wahrheitsliebe bestens floriert und ihm langsam, aber sicher davonzieht? Und so vereinen sich das betriebswirtschaftliche Streben und der volkswirtschaftliche Nutzen, indem die Wahrheit über die solcherart verbreiteten Unwahrheiten diskret, aber effizient verbreitet wird.

Neben dem unmittelbaren und mühsamen Weg – z.B. die Aufklärung der potentiellen Kunden im Verkaufsgespräch über unterlassene Mängel des Wettbewerbers – bieten sich direkte und indirekte Kontakte zu Medien an, die stets auf der Suche nach leicht verwertbaren Sensationen sind und ihren Lesern und Sehern die Möglichkeit geben, sich über die verdorbene Welt zu echauffieren. Letztendlich kann sich der Hinweisgeber auch an die grundsätzlich unbeliebten, nun aber willkommenen Behörden wenden, sei es die Lebensmittelkontrolle, die Marktaufsicht, technische Prüfämter oder Wettbewerbshüter. Alle diese Institutionen müssten sich deutlich mehr anstrengen, ihren Arbeitstag zu füllen, würden ihnen nicht zürnende Konkurrenten die Verdachtsfälle über diskrete Briefe oder mittlerweile bereits eigens zur Anschwärzung eingerichtete Whistleblower-Kanäle frei Haus liefern.

Dass hier nichts Neues unter der Sonne stattfindet, davon zeugen die an den Mauern öffentlicher Gebäude angemalten Löwenmäuler auf der italienischen Halbinsel, in die jedermann anonym seine Beschwerden der Obrigkeit kundtun konnte. Kurz und gut, Konkurrenz belebt nicht nur das Geschäft, sondern fördert auch die Wahrheitsliebe, und kritisch wird es nur dann, wenn sich die Konkurrenten untereinander absprechen, aber auch solches Treiben kommt irgendwann ans Tageslicht, leider oft erst nach langer Zeit, sodass den geschädigten Kunden kein Ersatz mehr zusteht, denn die stets spürbaren Strafzahlungen fließen ohne Zweckbindung an den Staatshaushalt.

Die Macht der Konsumenten

Und zum Schluss tritt auch noch der Konsument auf die Bühne, die zentrale Figur bei der Suche nach der gesicherten Wahrheit. Wir sprechen von jenem Käufertypus, der die Zeit, Energie und Muße hat, seine Kaufentscheidungen gründlich zu überlegen und sich abgesehen vom Preis, jener magischen Zahl, in der sich Angebot und Nachfrage treffen, mit den unterschiedlichen Aspekten des Objekts seines Begehrens auseinandersetzt. Wie und aus welchen Materialien ist es gefertigt, sind die technischen Spezifikationen glaubhaft, ist beim angebotenen Preis überhaupt eine faire Entlohnung über die gesamte Wertschöpfungskette hinweg denkbar, wie präsentiert sich das Produkt unter den für viele Menschen zunehmend wichtiger werdenden ökologischen Gesichtspunkten?

All das kann der Konsument analysieren, prüfen, abwägen, berücksichtigen, wenn er sich ein Paar mittlerweile zu Sneakers mutierten Turnschuhen zulegt, wenn er eine Reise in den immer heißer werdenden Süden bucht oder bevor er ein Kinderbett für seinen Nachwuchs in den Kofferraum seines Wagens wuchtet, das er dann mithilfe von Symbolzeichnungen, die durch kein einziges erklärendes Wort getrübt werden, im Verlauf mehrerer, teils von tiefen Emotionen durchsetzten Stunden zusammenbaut.

Mit der Zeit entwickelt der solcherart agierende Käufer ein Sensorium dafür, welche Aussagen des Produzenten oder Händlers wahr sein könn(t)en und welche nicht, selbstverständlich innerhalb gewisser Grenzen. Die Suche nach manipulierten Abgaswerten des Wunsch-PKW muss er den Profis überlassen, inwieweit die Angaben zum Kraftstoffverbrauch der Wirklichkeit entsprechen hingegen, kann er sehr wohl selbst überprüfen, etwa durch Erfahrungen aus der Vergangenheit, durch Gespräche mit Freunden und Bekannten und vor allem durch die Konsultation der Berichte der vielen Organisationen, die sich der Bildung des Verbrauchers und seinem Schutz vor malignen Unternehmen widmen.

Im Einzelfall wird der kompetente Konsument – selbst mit Unterstützung fachkundiger Hilfe – wenig erreichen, er kann Fragen stellen, vor dem Kauf und auch danach, er kann sich beschweren, über den Weg des Händlers oder über Onlineformulare, beim Gerichtsweg hingegen wird sein Nutzen im Vergleich zum Aufwand in den meisten Fällen gering ausfallen. Jedoch, steter Tropfen höhlt den Stein, und ein rational agierender Wirtschaftsbetrieb wird, wenn er wegen der von ihm verbreiteten Unwahrheiten zunehmend Erklärungsbedarf hat, sein Verhalten überdenken und sich dem Pfad der Tugend und der Wahrheit annähern. Die mündigen Verbraucher und ihre institutionellen Schutzengel sind ein langsam, aber nachhaltig wirkendes Korrektiv und im anonymen Kollektiv eine nicht zu unterschätzende Schwarmmacht.

Feedback zur Wahrheit

Und an dieser Stelle schließt sich der Kreis, die Rückmeldungen des Marktes führen bei Wirtschaftstreibenden zur Einsicht und schließlich zu mehr Wahrheit. Das bedeutet aber auch, dass der Konsument – ohne in die ebenso pittoreske wie undankbare Rolle des ewigen Nörglers und Querulanten zu verfallen – seine Kaufentscheidungen reflektiert und bewusst treffen sollte, sofern ihm an Wahrheit gelegen ist. Er kann sich natürlich gelassen zeigen und davon ausgehen, dass ohnehin jeder lügt. Diese Haltung wäre eines mündigen und wachen Bürgers aber nicht würdig. Vielmehr ist Wahrheit seitens der Wirtschaft nicht nur ein Recht für den Konsumenten, das er passiv und dankbar entgegennimmt, sondern auch eines, für dessen Genuss er sich sein Leben lang aktiv bemühen muss. Und dieser hypothetische Imperativ im Sinne von Immanuel Kant – *„Wenn Du Wahrheit in der Wirtschaft willst, so sorge Du selber dafür"* – ist die Wahrheit, die ganze Wahrheit und nichts als die Wahrheit.

Norbert Wohlgemuth

Echte Daten und falsche Fakten

Das Thema der diesjährigen Toleranzgespräche – Wahrheit: Was ist wirklich? – ist angesichts der vielen Falschmeldungen rund um das Superwahljahr 2024, KI und 300. Geburtstag von Immanuel Kant auch für wissenschaftsfreundliches und datenbasiertes Wirtschaften von hoher Relevanz. So war Kant beispielsweise der Ansicht, dass die Wirklichkeit für den Menschen eine Konstruktion ist und wir die Welt durch die Brille der Wahrnehmung und des Verstandes sehen. Damit stellt sich unweigerlich die Frage, ob wir diese Brille abnehmen und zu einer unverzerrten Sicht gelangen können. Ein Marxismussympathisant wird sich kaum für die Vorzüge des Marktmechanismus begeistern können und Anhänger „klassischer" Vorstellungen von Wirtschaft kaum für immer mehr Umverteilung und Enteignung. Ist die Wirklichkeit überhaupt wirklich? Um bei Kant zu bleiben: *Sind mein Hirn und meine Sinne das Maß aller Dinge?*

Friedrich August von Hayek beschäftigt sich in seinem vor 80 Jahren erschienenen und auch heute noch aktuellen Buch *The Road to Serfdom* (Der Weg zur Leibeigenschaft) mit dem „Ende der Wahrheit" (siehe Kapitel 11). Für Hayek hatte Wahrheit mit Freiheit zu tun – Freiheit des Individuums gegenüber staatlicher Gewalt. Angesichts der Propaganda der Nazis und des Stalinismus warnte er vor der Gefahr kollektivistischen Denkens und beklagte die „Verdrehung der Sprache und den Bedeutungswandel der Wörter".

Damit stellt sich auch heute noch die Frage, ob es faktenwidrige Narrative – Mythen gemäß Hayek – gibt, mit denen die Menschen manipuliert werden. Er schreibt auch: „Es ist nicht schwer, der großen Masse das selbständige Denken abzugewöhnen." Der Verlust des Sinnes für Wahrheit ist für ihn eine Etappe auf dem Weg zur Knechtschaft – dem Ergebnis eines Prozesses, in dem wirtschaftliche Freiheiten zugunsten von zentraler Planung und Kontrolle geopfert werden.

Künstliche Intelligenz kümmert sich nicht um die Wahrheit. Ist es die Sorge um Wahrheit, die den Menschen von der Maschine unterscheidet? Oder ist der Mensch doch mehr als ein informationsverarbeitendes System, in dem sich Gehirn und Geist zueinander wie Hardware und Software verhalten?

Datenbasiertes Wirtschaften

Wissenschaftsfreundliches und datenbasiertes Wirtschaften umfasst zahlreiche Aspekte. So stellt sich etwa die Frage, welche Statistiken und Informationsquellen überhaupt zur Verfügung stehen. In Österreich verschanzt man sich gerne hinter dem Amtsgeheimnis, um unbequeme Wahrheiten nicht ans Tageslicht befördern zu müssen. In China wird die Veröffentlichung von Zeitreihen eingestellt, wenn sie den Machthabern nicht genehm sind (z.b. ein „zu niedriges" Wirtschaftswachstum oder gar Versagen von planwirtschaftlichen Maßnahmen ausweisen).

Positiv zu erwähnen ist das Austrian Microdata Center (AMDC), weil es den Zugang zu Registerdaten ermöglicht. Entscheidend ist dabei die korrekte Interpretation von statistischen Indikatoren. So ist z.b. bei Armut und Armutsgefährdung (Einkommen geringer als 60 Prozent des Medianeinkommens) zu beachten, dass eine Abschaffung von Armut de facto unmöglich ist, weil Armut als relatives Konzept betrachtet wird. Auch der Indikator für Wirtschaftswachstum, die prozentuelle Veränderung des Bruttoinlandsprodukts, wird angesichts immer häufigerer Forderungen nach „Degrowth", „Décroissance" und „Decrescita felice" in Frage gestellt, jedoch ohne glaubwürdige Alternativen vorzulegen.

Die (Wirtschafts-) Politik hat in gewissem Ausmaß immer Möglichkeiten zur aktiven Beeinflussung von Statistiken. Vor einer Wahl kann die Regierung versuchen, eine „optimale Datenlage" herbeizuführen. Das ließ sich zuletzt im Vereinigten Königreich beobachten, wo die Tory-Regierung durch Steuersenkungen ihren Untergang bei den mittlerweile absolvierten Parlamentswahlen verhindern wollte.

In Österreich besteht gerade vor Wahlen die Gefahr von (vergifteten) Wahlzuckerln, auch wenn ein Sparpaket angemessener wäre. So warnte der Präsident des Fiskalrats die Abgeordneten vor den letzten Nationalratswahlen eindrücklich vor nicht gegenfinanzierten Wahlgeschenken, die dem Land in Zukunft teuer zu stehen kommen könnten.

In den Wirtschaftswissenschaften gibt es eine Vielzahl von Informationsquellen und Methoden zur Erhebung und Analyse der Realität. Die solcherart berufene „Evidenz" besteht aus empirischen Daten, ökonometrischen Analysen, Experimenten, Simulationen und Modellierungen, Literatur- und Metaanalysen, qualitativer Forschung, theoretischen Arbeiten und Fallstudien. Deren Qualität hängt von der Methode der Datenerhebung, der Analysetechnik und der Reproduzierbarkeit der Ergebnisse ab. Gerade in den Sozial- und Wirtschaftswissenschaften, die keine exakten Wissenschaften darstellen, ist deshalb nicht immer klar, was im konkreten Fall als Entscheidungsgrundlage herangezogen werden soll.

Finanzbildung gegen Manipulation

In der Politik verwendet man gerne „Evidenz", die gelegen kommt („A man hears what he wants to hear and disregards the rest", aus dem Song: The Boxer von Simon & Garfunkel). Auch qualitative Informationen zählen als Evidenz („Not everything that can be counted counts, and not everything that counts can be counted", Albert Einstein). Je größer der Mangel an Wirtschafts- und Finanzwissen in der Bevölkerung, desto leichter hat es die Politik. Daher ist es notwendig, die Datenkompetenz (data literacy) zu fördern. Nur eine bessere (höhere) finanzielle Allgemeinbildung (financial literacy) schützt vor Manipulation durch die eigene Regierung. Hier können wir einiges von der Schweiz lernen.

Zum datenbasierten Wirtschaften gehört auch die Frage, wie man Daten in Beziehung setzt. Der Zusammenhang zwischen Variablen wird üblicherweise durch Modelle, d.h. vereinfachte Abbildungen der Realität, ausgedrückt. Theorien ändern sich aber im Laufe der Zeit („Science advances one funeral at a time", Max Planck). So brachte die Weltwirtschaftskrise den Keynesianismus hervor und die Inflation der 1970er Jahre den Monetarismus. Auch die Covid-19 Pandemie bot der Volkswirtschaftslehre, der „dismal science" (Thomas Carlyle), eine neue Chance, aus ihren Fehlern zu lernen.

Die Prinzipien evidenzbasierten Wirtschaftens gelten selbstverständlich auch für den öffentlichen Sektor. Das ist wichtig für den Erhalt der Demokratie. Leider hält sich die Politik häufig nicht daran, weil Ideologie zu oft über die Evidenz dominiert. Das spüren die Menschen, und es ist nicht weiter verwunderlich, wenn sie sich dann angewidert von einer Politik abwenden, die in Blasen zu agieren und von den Lebenswirklichkeiten abgehoben erscheint. Hier muss man nicht erst auf Brüssel und Straßburg verweisen.

Ein Ding der Unmöglichkeit

Die Kärntner Politik ist hierbei eine ergiebige Quelle für Fallstudien zu „How to lie with Statistics",[20] d.h. für „cherry-picking data", dem Weglassen des Kontextes und Verwechseln von Korrelation und Kausalität.

Die Vorgabe: Das Land Kärnten hat seit 2023 eine „Nachhaltigkeitskoalition", in der jeder Regierungsakt den Zielen nachhaltiger Entwicklung entsprechen soll. Dank der inflationären Verwendung dieses Begriffs weiß ohnehin niemand, was damit gemeint ist. Doch 17 Ziele (goals) nachhaltiger Entwicklung und 169 untergeordnete Ziele (targets) mit insgesamt 316 Maßnahmen (!) erreichen zu wollen (Kärntner Regierungsprogramm vom April 2023) – ist ein Ding der Unmöglichkeit.

Die Umsetzung: Zwar bestehen zahlreiche Synergien zwischen den Zielen, allerdings auch massive Zielkonflikte, die immer deutlicher zutage treten und Ziele unerreichbar werden lassen. Das EU-Renaturierungsgesetz ist dafür ein gutes Beispiel. Die sogenannte Nachhaltigkeitskoalition hat sich gegen ein Gesetz ausgesprochen, mit dem sanierungsbedürftige Ökosysteme wiederhergestellt und biologische Vielfalt erhalten werden soll. Ebenso sollen Windräder ohne Verzögerung durch die lokale Bevölkerung im Eilverfahren errichtet werden können.

Das erinnert an den „bevorzugten Wasserbau" der Nachkriegszeit, mit dem Verfahren zur Genehmigung von Wasserkraftwerken verkürzt wurden, um den Ausbau voranzutreiben. Der Konflikt um das Donaukraftwerk Hainburg hat dem ein Ende bereitet, und jetzt

---

20 https://en.wikipedia.org/wiki/How_to_Lie_with_Statistics

soll diese „Druck"-Politik unter dem Deckmantel der Nachhaltigkeit wieder eingeführt werden? Erneuerbare Energie ist noch lange nicht nachhaltige Energie; vielleicht nur die, die wir nicht verbrauchen. Widerstand der betroffenen Bevölkerung gegen Stromleitungen, Wind- und PV-Kraftwerke zeugen von den Spannungen mit der sozialen Dimension von Nachhaltigkeit.

Ein anderes Beispiel: Die Landesfinanzen als nachhaltig verkaufen zu wollen ist angesichts der erwarteten Zunahme der Schuldenquote das Gegenteil von dem, was im Regierungsübereinkommen versprochen wird. Wenn der Landeshauptmann die Schuldenquote Kärntens mit jener des Bundes vergleicht, ist das ein dreister Fall von Fake News: Denn man kann nicht korrekte Zahlen in einen unzulässigen Zusammenhang bringen. Der Vergleich der Schuldenquote Kärntens mit jenen der anderen Bundesländer wäre korrekt gewesen, aber das hätte für Kärnten kein vorteilhaftes Bild ergeben.

Fata Morgana Strukturreform

Die regelmäßig strapazierten „Strukturreformen", mit denen die öffentlichen Schulden in den Griff bekommen werden sollen, sind im Kärntner Kontext Fata Morgana und ein heißer Kandidat für das Unwort des Jahrzehnts. Die Demografie liefert regelmäßig eine Fülle von Zahlen, die einer sinnvollen Interpretation harren. Beispielsweise könnte man auf den Binnenwanderungssaldo verweisen, der – mit Ausnahme der Coronajahre 2020/21 und entgegen voreiligen Jubelmeldungen – wieder deutlich negativ ist (minus 2.761 im Jahr 2023). Wenig Trost ist dabei, dass die Entwicklung „From the baby boom to the baby bust" (Financial Times, 29. Mai 2024) mittlerweile für den Großteil der Länder weltweit gilt.

Zu „Kärnten auf der Überholspur" gibt es viele Zahlen, die man auswählen kann, um das gewünschte Ergebnis zu erhalten. Wenn damit die Wirtschaftswachstumsraten gemeint sein sollten, könnte man rasch feststellen, dass das durchschnittliche Wachstum Kärntens zwischen 2000 und 2010 bzw. von 2010 bis 2022 im Bundesländervergleich das zweitniedrigste war.

Auf Pro-Kopf-Basis sieht es „dank" einer wenig dynamischen demographischen Entwicklung zwar etwas besser aus, aber vielleicht wollen wir ohnehin nicht mehr wachsen, sondern ein Vorbild beim Schrumpfen werden. „Wachstum am Ende: Was jetzt?" war das Thema der Toleranzgespräche 2023 und einer kürzlichen Konferenz im Nationalrat. Wäre das die ultimative Nachhaltigkeit, wie sie der Landesregierung vorschwebt?

Protektionismus und Autarkie, vor allem bei Energie und Lebensmitteln, werden uns als vermeintlich sinnvolle Entwicklungsstrategien für Kärnten angepriesen. Dabei ist doch allgemein bekannt, dass Wohlstand von offenen Märkten kommt und nicht von abgeschotteten. Autarkie ist per se kein sinnvolles Ziel, weder bei Energie noch Lebensmitteln. Versorgungssicherheit kann besser durch Diversifizierung als durch Protektionismus und Autarkie erreicht werden.

Weit mehr als die Hälfte der österreichischen Wirtschaftsleistung – und damit unseres Wohlstandes – wird im Ausland erwirtschaftet; auch Kärnten gehört zu den Bundesländern mit einem Überschuss im Warenhandel. Wir sind wohl gegen das Mercosur-Freihandelsabkommen, die Rohstoffe aus Lateinamerika, die für Energiewende und Füttern der Schweine benötigt werden, hätten wir jedoch schon ganz gerne. Das ist Merkantilismus 2.0 („protectionist contagion"), wie er spätestens seit 2018 von China, den USA und der EU vorexerziert wird.

Entwicklungshilfe per Statistik

Die innereuropäische Entwicklungshilfe ist ein weiteres Beispiel für den saloppen Umgang mit Statistiken. Seit dem EU-Beitritt Österreichs sind zwei Mrd. Euro nach Kärnten geflossen. Kärnten ist somit Nettoempfänger. Allerdings sollte man der Vollständigkeit halber hinzufügen, dass Österreich ein Nettozahler ist (und trotzdem von der EU-Mitgliedschaft profitiert). Zahlreiche Förderungen hätten nicht den Umweg über Brüssel nehmen brauchen. Vom Subsidiaritätsprinzip, wie es in der Katholische Soziallehre bereits 1931 formuliert und im EU-Vertrag von Maastricht verankert wurde, will angesichts der Zentralisierungstendenzen offensichtlich niemand mehr etwas wissen, obwohl es im Hinblick auf das Ergebnis der EU-Wahl wieder relevanter werden dürfte und sollte. Die Liste der Fallstudien zum Thema Daten und Fakten ließe sich beliebig fortsetzen, z.b. um die Behauptung, wonach die Hypo für die aktuelle Schuldensituation im Land verantwortlich sei. Der Endbericht des Untersuchungsausschusses des Kärntner Landtags zeigt das Gegenteil. Der Landesrechnungshof zeigt regelmäßig Potenziale zur Verbesserung der Qualität öffentlicher Dienstleistungen auf (vor allem im Gesundheits-, Verwaltungs- und Bildungsbereich), die sogar mit geringeren Kosten realisiert werden könnten, jedoch mit dem unzulässigen Verweis auf angeblich gefährdete Arbeitsplätze nicht umgesetzt werden.

Auch im postfaktischen Zeitalter ist Kant aktuell. Die Politik sollte sich nicht so sehr vor ihrem Souverän – dem Volk – fürchten. Vielleicht ist das Verständnis für sinnvolle Maßnahmen – trotz der allgemein beklagten Anspruchsmentalität – größer als allgemein angenommen. Angesichts des generationsübergreifenden Charakters von Nachhaltigkeit und der kurzfristigen Perspektive des politischen Konjunkturzyklus sind Zielkonflikte jedoch nur schwer aufzulösen.

Stefan Dreisiebner

Wahrheit in digitaler Transformation

Ein bedeutendes Disruptionspotenzial in der Wissenschaft, das erst durch die Digitalisierung ermöglicht wurde, kann der *Open-Bewegung* zugeschrieben werden. Sie revolutioniert die Art, wie wissenschaftliche Publikationen und Forschungsdaten veröffentlicht werden (Open Access Publications, Open Research Data und Open Source Software) sowie die Art, wie Lernressourcen zur Verfügung gestellt werden (Open Educational Resources).

Um die Idee hinter *Open Access* zu verstehen, muss man zuerst den klassischen Entstehungsweg wissenschaftlicher Publikationen betrachten. Ein wesentliches Grundprinzip wissenschaftlicher Forschung ist die Bereitstellung als öffentliches Gut. Aus diesem Grund ist auch ein großer Teil wissenschaftlicher Forschung öffentlich finanziert – entweder direkt durch Forschungsprojekte oder indirekt durch die öffentliche Finanzierung von Forschungsinstitutionen. Forschende verbreiten ihre Ergebnisse üblicherweise ohne direkte finanzielle Entschädigung.

Die ersten Zeitschriften zur Verbreitung wissenschaftlicher Erkenntnisse entstanden im 17. Jahrhundert und wurden von akademischen Zusammenschlüssen (Learned societies) herausgegeben. Die Zahl publizierter Artikel ist seither rapide gewachsen. Inzwischen werden jährlich über eine Million neue wissenschaftliche Beiträge veröffentlicht.

Der übliche Ablauf (*Publication Cycle*) ist wie folgt: Nachdem eine neue Arbeit vorliegt, wird diese bei einer Fachzeitschrift eingereicht. Dort wird sie vom Herausgeber erstbegutachtet, danach zumeist an zwei GutachterInnen weitergeleitet (sogenannte Peer Reviewer). Diese geben neben inhaltlichen Anmerkungen eine Empfehlung ab, ob der Beitrag überhaupt angenommen werden sollte. Empfiehlt sich eine Überarbeitung, wird diese von den AutorInnen erbeten, und der Prozess wiederholt sich von vorne. Manchmal bedarf es mehrerer Überarbeitungen, bis ein Artikel angenommen wird. Dieser Prozess kann Monate bis Jahre dauern.

Sobald ein wissenschaftlicher Beitrag angenommen wurde, geht er in Produktion, wird nochmals korrekturgelesen und layoutiert. Danach geht er in Druck oder wird online publiziert. Eine wichtige Rolle spielen dabei wissenschaftliche Verlage. Sie waren in der vor-digitalen Zeit essenziell verantwortlich für die erforderlichen redaktionellen Prozesse, den Druck und die Distribution der Zeitschriften.

Bibliotheken waren und sind für den Zugang und die Archivierung der veröffentlichten Werke zuständig. Sie erwerben wissenschaftliche Fachzeitschriften entweder in Print oder in der Online-Ausgabe. So werden die Publikationen von anderen Forschenden gefunden und idealerweise für neue Forschungsarbeiten berücksichtigt.

Wissen demonetarisieren

Das Internet hat dazu geführt, dass dieser Prozess heute überwiegend digital abläuft, und auch Zeitschriften zunehmend und ausschließlich digital veröffentlicht werden. Das hat mitunter die Rolle der Bibliotheken verändert, die nun weniger für den Erwerb von Print-Exemplaren, deren Katalogisierung und Verleih verantwortlich sind, sondern stattdessen Lizenzen für digitale Ausgaben der Zeitschriften erwerben. Derartige Lizenzen können aber kostspielig sein. So sind die durchschnittlichen Preise für Zeitschriften im Gebiet der technischen Wissenschaften von 1990 bis 2010 um über 500 Prozent gestiegen. Gleichzeitig weisen zahlreiche große Wissenschaftsverlage regelmäßig hohe Gewinne aus. Aus diesem Grund gibt es Kritik an diesen etablierten Mechanismen: Denn große Teile des Forschungsbetriebs werden von der Gesellschaft via Steuergelder finanziert. Die so produzierten Forschungsergebnisse werden ohne finanzielle Entschädigung in Zeitschriften publiziert. Ebenso stemmen ForscherInnen entgeltlos den Peer Review Prozess. Andererseits müssen diese Forschungsergebnisse dann wieder mit Steuergeldern in Form von Lizenzen erworben werden, um sie der Gesellschaft zugänglich zu machen. Die dafür notwendigen hohen Kosten benachteiligen darüber hinaus Institutionen mit geringeren finanziellen Mitteln wie etwa aus Ländern der Dritten Welt, die somit vom Zugang zu aktuellen Forschungsergebnissen in manch renommierten Fachzeitschriften ausgeschlossen sind.

Vor diesem Hintergrund entstand die Idee von Open Access, wissenschaftliche Fachartikel frei zugänglich online zu veröffentlichen. Bei den meisten Verlagen ist es mittlerweile auch möglich, Artikel gegen Zahlung einer einmaligen Gebühr (Article Processing Charges, APCs) in Form von Open Access zu publizieren. Aber auch bei dieser Variante stellt sich die Finanzierung für Forschungsinstitutionen wie Autoren als Herausforderung dar. Die andere Variante sind Fachzeitschriften, die Beiträge ohne jegliche Gebühren veröffentlichen. Diese benötigen nicht zwangsläufig einen Verlag im Hintergrund und können auch von Hochschulen oder Bibliotheken selbst betrieben werden. Dieser Weg wird auch als Diamond Open Access bezeichnet.

Pre-Prints zur Verkürzung der Wartezeit

Gewöhnlich stehen wissenschaftliche Veröffentlichungen erst zur Verfügung, nachdem sie einen vollständigen Redaktionsprozess samt Begutachtung durchlaufen haben. Wie schon oben ausgeführt, kann dies aber Monate oder sogar Jahre dauern. Daher haben sich sogenannte Pre-Prints als eine weitere Möglichkeit etabliert, wissenschaftliche Beiträge in Form von Open Access zu veröffentlichen. Im Gegensatz zum üblichen Veröffentlichungsprozess werden diese von den AutorInnen selbst in online zugänglichen Pre-Print-Repositorien publiziert.

Nachdem diese Artikel noch keinen wissenschaftlichen Begutachtungsprozess im Sinne eines Peer Review durchlaufen haben, besteht das Risiko, dass die Ergebnisse von geringer Qualität oder sogar fehlerhaft sein könnten. Andererseits ergibt sich der große Vorteil, dass Forschungsergebnisse sofort ohne Verzögerung zugänglich gemacht werden. Dieser Umstand rückte insbesondere während der Covid-19 Krise in den öffentlichen Fokus, als regelmäßig neueste als Pre-Print veröffentlichte Forschungsergebnisse medial thematisiert wurden.

Vermutlich wäre eine so schnelle Erforschung des Virus in globaler Zusammenarbeit ohne Pre-Print Veröffentlichungen nicht möglich gewesen. Manche Verlage erlauben auch die nachträgliche Veröffentlichung eines bereits geschlossen publizierten Beitrags in einer Rohfassung als Pre-Print, wodurch auch ansonsten nicht frei zugängliche Forschungsbeiträge leichter verbreitet werden können.

Mehr Sichtbarkeit durch Open Access

Wissenschaftler profitieren bei Open Access generell von einer höheren Sichtbarkeit ihrer Forschung, was die Chancen erhöht, dass ihre Arbeiten auch gelesen und in weiterer Folge zitiert werden. Manche Forschungsförderprogramme verpflichten Förderempfänger sogar, ihre auf diesem Wege finanzierten Forschungsergebnisse via Open Access zu publizieren.

Leider hat die an sich positive Entwicklung von Open Access Publikationen auch ihre Schattenseiten: So entstanden auch unseriöse Fachzeitschriften, sogenannte Predatory Journals, die damit werben, dass eingereichte Beiträge nach Bezahlung der APC innerhalb ungewöhnlich kurzer Fristen als Open Access veröffentlicht werden können. Ein Peer Review wird zwar vorgegeben, erfolgt in der Realität jedoch nicht oder nur mangelhaft. Manchmal listen diese Zeitschriften Namen von real nicht existierenden Forschenden auf deren Websites als Gutachter auf, oder benennen einfach reale Gutachter ohne deren Wissen und Zustimmung.

Die Namen von solchen Predatory Journals sind manchmal so gewählt, dass sie jenen von renommierten Fachzeitschriften stark ähneln. Forschungsinstitutionen, insbesondere auch deren Bibliotheken, begegnen dem Problem des Predatory Publishings inzwischen mit Aufmerksamkeitskampagnen, um dem wissenschaftlichen Nachwuchs dabei zu helfen, unseriöse Angebote zu erkennen und zu meiden.

Nicht nur die Veröffentlichung von Publikationen kann einen gesellschaftlichen Mehrwert liefern, sondern auch der damit verbundenen Daten (Open Research Data) und von Software (Open Source Software). Open Source Software kann etwa ein Quelltext sein, der die Analyse von Massendaten aus Sozialen Medien ermöglicht und für eine spezifische Studie entwickelt wurde. Der große Vorteil offener Forschungsdaten und Software ist, dass

Forschungsergebnisse so besser reproduzierbar werden und Daten aus vergangenen Studien mit neuen Daten kombiniert werden können. Dank des Internets sind heute zahlreiche Bildungsressourcen online zugänglich. Erfolgt das entgeltlos unter einer offenen Lizenz, die auch eine Weiterverwendung ermöglicht, spricht man von Open Educational Resources (OER). Derartige Lernressourcen können von Dritten weiterverwendet und adaptiert werden, stehen zugleich aber auch allen interessierten Forschern zur Verfügung.

OER kann verschiedenste Ausprägungen haben – von Arbeitsblättern, Infografiken, Videos bin hin zu umfangreichen Online-Kursen samt Abschluss und Teilnahmebestätigung. OER wird von der UNESCO inzwischen als „Chance für die Förderung von inklusiven Wissensgesellschaften und hochqualitativer Bildung für alle Menschen" gefördert.

Künstliche Intelligenz zweischneidig

Die Open-Bewegung ist nur eines von vielen Beispielen, wie die digitale Transformation die Wissenschaft bereits verändert hat und sicherlich noch weiter verändern wird. Neben neuen Chancen, wie der leichteren Zugänglichkeit von Wissen, entstanden auch neue Herausforderungen wie das Predatory Publishing. Die neuesten Entwicklungen im Bereich der generativen Künstlichen Intelligenz (KI) machen auch vor diesem Bereich nicht halt und eröffnen wiederum neue Chancen und Herausforderungen. So stellt sich etwa die Frage, ob und in welchem Ausmaß KI-generierte Inhalte in wissenschaftlichen Fachzeitschriften veröffentlicht werden sollten bzw. dürfen. Es zeichnet sich derzeit ab, dass wissenschaftliche Zeitschriften dazu tendieren, KI-generierte Inhalte zu verbieten, und KI nur als Hilfsmittel etwa bei der Rechtschreibkorrektur oder im Zuge der empirischen Arbeit, etwa bei der Datenanalyse, zu erlauben.

Elisabeth Faller

Wahrheiten aus der Schildkrötenwelt

Wer kennt das Paradoxon des Wettlaufs von Achilles und der Schildkröte nicht? Die Schildkröte bekommt von Seiten des Schnellsten aller trojanischen Läufer großzügig einen Vorsprung von einem Stadion (192,27 m) zuerkannt, worauf Achilles die Schildkröte in der Folge, rein mathematisch, nicht mehr einholen kann.

Auf dem Podium in Fresach erzählte ich – ebenso mit einem solchen „Vorsprung" – aus meiner Schildkrötenwelt. Ich erzählte, welche Bedeutung Finanzen für Menschen in konkreten geographischen Regionen haben können – Schulden, Kontoüberzüge, Kreditverbindlichkeiten, soziale Probleme, Generationenkonflikte, Beziehungsgeschichten. Ich erzählte von Gesprächen, die ich mit Kunden geführt habe, die sich wiederholten, und mir persönlich als das Wichtigste an meinem Beruf erschienen. In meiner kleinen Bankenwelt, in der wir hinter verschlossenen Türen und neben konkreten Finanzangelegenheiten immer wieder über das echte Leben gesprochen haben, war Geld ein zentraler Faktor.

Ich erzählte, wie ich in der Bank oft gemerkt hatte, dass der Unternehmer, der mir gegenüber saß, nicht wusste, welche Fragen er mir jetzt eigentlich stellen sollte, und so stellte ich diese Fragen für uns beide in den Raum; wie wir gemeinsam komplexe Lösungen ausgearbeitet hatten in möglichen und unmöglichen Situationen und Ideen besprochen hatten, die umsetzungsfähig erschienen. Angewandtes Erfahrungswissen, das mir in meiner Rolle als Bankerin und zugleich meinem Kunden in dessen wirtschaftlichen Belangen diente – beste Lösungen im Rahmen dessen, was eine Bank zur Verfügung stellen kann. Einander nach Jahren auf der Straße zu begegnen, in die Augen zu schauen und zu wissen, wir haben es gemeinsam gut gemacht, das erschien mir immer als hohe Qualität. Das kenne ich in regionalen Zusammenhängen als „Normalfall" in meinem Beruf.

Anlegen und Sparen überholt?

Leider sind die Rahmenbedingungen für Banken im europäischen Raum seit einigen Jahren für große internationale Banken ausgelegt, während dezentrale und regionale Bankenstrukturen immer schwieriger und kostenintensiver zu bewältigen sind – mit der Folge immer weiterer Fusionierungen und Konsolidierungen. Das Direktorium der EZB ist übrigens der Ansicht, dass für Österreich ein oder zwei voll konsolidierte Bankensektoren ausreichen würden, so Generaldirektor Yves Merches, den ich vor einigen Jahren mit einer Wirtschaftskammerdelegation in Frankfurt getroffen habe. Regionale Genossenschaftsbanken wären seiner Ansicht nach „Relikte aus der Zeit vor dem Zweiten Weltkrieg", die brauche man nicht mehr.

Spareinlagen wären als Refinanzierung von Krediten seiner Ansicht nach übrigens auch völlig ungeeignet, sagte Marches. Doch dieses Geschäftsprinzip der Genossenschaftsbanken seit deren Gründung vor über 170 Jahren ist längst nicht überholt. In der Finanzkrise 2008/09 etwa wurden Genossenschaftsbanken im Rating wesentlich aufgewertet, da sie die Stabilität des Finanzmarktes unterstützt haben. Diese gesunden Banken stehen im Eigentum ihrer (regionalen und nationalen) Mitglieder und somit im Mittelpnkt der Volkswirtschaft eines Landes.

In der Achilles-Welt werden in Echtzeit Informationen von unvorstellbarem Ausmaß durch den Äther gejagt, verarbeitet und ausgewertet. Sie führen zu Entscheidungen mit grenzüberschreitenden Wirkungen – denn in transnationalen und internationalen Bankenstrukturen fallen wesentliche und kundenwirksame Entscheidungen ohne jede Rücksichtnahme auf die Volkswirtschaft derjenigen Länder, in denen Entscheidungen aus der internationalen Zentrale umgesetzt werden müssen.

Gläserner Kunde längst Realität

Ein Beispiel für den Bereich der Digitalisierung und durchdringenden Kontrolle aus dem Bankenbereich ist für mich die europäische Meldewesenverordnung namens ANA-Kredit. Laut dieser Verordnung müssen alle Banken im Euro-Raum seit dem Jahr

2018 detaillierte Daten ihrer KreditnehmerInnen personalisiert an die jeweiligen Nationalbanken melden. Die Meldung umfasst je Risikoposition (Kredite etc.) bis zu 94 einzelne Attribute (Analytical Credit Datasets). Die Daten sind uneingeschränkt vergleichbar und liefern auf europäischer Ebene detaillierte Informationen über Unternehmenskunden und deren Bankverbindlichkeiten bei sämtlichen Banken im Euroraum. Die Daten liegen bei der EZB auf.

Die EZB sieht diese Verordnung unter anderem als Informationssystem über den Zugang von kleinen und mittleren Unternehmen (KMU) zu Bankkrediten und als Grundlage für strategische geldpolitische Entscheidungen, da diese laut EZB das Rückgrat der europäischen Wirtschaft darstellen, weiters die größten Arbeitgeber im Euroraum sind, deren Finanzierungsbedingungen fast ausschließlich von Banken bestimmt werden.

Alle Risikopositionen (Kredite u.ä.) eines einzelnen Unternehmens bei allen Banken des gesamten Euroraums (und darüber hinaus) werden seit 2018 in dieses System in der EZB eingepflegt und sind dort detailliert abrufbar, einschließlich der Informationen über Zahlungsverhalten, gegebene Sicherheiten etc. Es werden alle Risikopositionen über 25.000 Euro, die Unternehmen durch Banken gewährt wurden, erfasst. Es war im Entwurf geplant, in der Folge auch sämtliche Vermögenswerte zu erfassen. Kredite an Privatpersonen werden (noch) nicht personalisiert erfasst. Der Entwurf aus 2011 sah eine Granularität bis zu 1.000 Euro im Endstadium der Umsetzung der Verordnung vor.

Als ich 2014 von diesem Projekt erfuhr, war ich ziemlich erregt – als Staatsbürgerin wie Kundin, dass Daten, auch von kleinen Unternehmen, personalisiert und so detailliert im gesamten europäischen Raum erfasst und an einer zentralen Stelle abrufbar gemacht werden sollen. Bis zur Einführung von ANA-Kredit mussten im Meldewesen übrigens nur Kredite über 360.000 Euro personalisiert von den Banken erfasst werden, alle anderen vergebenen Kredite wurden anonymisiert gemeldet.

Das war für die Bankenaufsicht bis 2018 ausreichend.

Politisch ist dieses jüngste Kontrollsystem in den Nationalstaaten des Euroraums nicht bekannt, solche Verordnungen waren und sind ohne Befassung der nationalen Parlamente direkt von allen Banken des Euroraums umzusetzen.

Wenn die Europäische Zentralbank in ihren Meldesystemen betont, dass kleine und mittlere Unternehmen das Rückgrat der Wirtschaft Europas sind, so werden diese kleinen Strukturen nun in einem hoch digitalisierten und granularen Meldesystem im Euroraum abgebildet und transparent. In Österreich gehören 98 Prozent der Unternehmen dieser Kategorie an.

Regionale Welten berücksichtigen

Neben der digitalisierten Welt, in der sich Datenaustausch, Eingaben in digitale Systeme, engmaschige Überwachung und Überprüfung, ohne zeitliche und räumliche Begrenzungen entfalten, existieren weiterhin konkrete geografische Räume, in denen Menschen in wirtschaftlichen und sozialen Zusammenhängen leben und arbeiten, im täglichen Rhythmus des gelebten Wirtschaftens.

Wer wie ich aus der Schildkrötenwelt kommt, weiß um die Bedeutung dieser langsamen und konkreten Welten, die natürlich immer stärker von Elementen der Digitalisierung durchdrungen sind. Es sind überschaubare Lebens- und Arbeitsräume, in denen Menschen einander kennen, in denen es neben wirtschaftlichen auch intensive soziale Interaktionen gibt – und auch erprobten gesellschaftlichen Zusammenhalt, ein Element, das heute alles andere als selbstverständlich erscheint und an Bedeutung gewinnt.

Mir ist es wichtig anzumerken, dass trotz und gerade aufgrund dieser Entwicklungen in allen Dienstleistungsbereichen, ganz besonders im Bankenbereich, in denen der persönliche Umgang zwischen Mitarbeitern und Kunden minimiert und durch digitale Systeme ersetzt wird, weiterhin genügend Zeit und Raum für Gespräche zur Verfügung stehen muss.

Ein Kassier der Bank, für die ich zuletzt gearbeitet hatte, sagte mir kürzlich, es kommen alte Menschen zu ihm an den Schalter und er wisse, dass dies oft das einzige Gespräch dieser Kunden an diesem Tag bedeutet. Ich wünsche mir, dass das Bewusstsein für solche Situationen und für die Bedürfnisse von Menschen in einer alternden Gesellschaft wächst. Ich glaube, dies könnte sich auch positiv auf reale Kosten im staatlichen Gesundheitssystem auswirken.

Ich wünsche mir, und das darf ich in Fresach und im Rahmen der Toleranzgespräche aussprechen, dass es auch in Zukunft in wirtschaftlichen Strukturen neben dem Ausbau digitaler Elemente die Rücksichtnahme auf etwas wie „das menschliche Maß", auf den Rhythmus menschlicher Interaktionen, gibt und darauf, was Menschen und Gemeinschaften für ein würdiges und gutes Leben brauchen, wie immer diese Elemente in der konkreten Umsetzung in Unternehmen gestaltbar sind, mit positiver Wirkung auf das Wohlergehen von Management und MitarbeiterInnen.

Das bedeutet im übertragenden Sinn auch in wirtschaftlichen Überlegungen und Zusammenhängen, das Paradoxon bewusst mit zu berücksichtigen, dass der Läufer Achilles die Schildkröte (zumindest mathematisch) nicht einholen wird.

Bernd Siebitz
Wahrheit braucht Zeit

Das Thema der diesjährigen Toleranzgespräche war zwar „*Wahrheit: Was ist wirklich?*", doch für mich war die Aussage „**Wahrheit braucht Zeit**" die wichtigste Erkenntnis in Fresach. Eine Aussage, die im Wettbewerb zur schnelllebigen Nachricht besondere Gültigkeit hat.

Nachrichten sind, so lernt man es im Journalismus, ein schnell verderbliches Gut, eine Ware, die rasch verkauft werden muss, sonst ist sie obsolet, verdorben, veraltet, nichts mehr wert. Wer als erster eine Nachricht auf den Markt bringt, profitiert am ehesten. Das Medium, die Nachrichtenquelle, wird zitiert, bekommt Aufmerksamkeit und hat im Konkurrenzkampf der Informationsvermittler die Nase vorn. Ein Imagegewinn, der sich auszahlt.

Das Verhältnis zur „*Wahrheit*" ist ambivalent; die Information, der Wahrheitsgehalt dieser Nachricht kann stimmen, oder auch nicht. Es kann sich um Viertel- oder Halbwahrheiten handeln, in diesem Moment spielt es eine untergeordnete Rolle. Die *Schnelligkeit* und „*der Erste zu sein*" ist oft wichtiger als alles andere.

Von Qualitätsmedien wird betont, dass guter Journalismus vom *Check, Re-check* und *Double-Check* lebt, bevor eine Meldung zur Nachricht wird. Aber das braucht Zeit, und die haben Journalisten nicht mehr, bzw. selten in unserer immer mehr auf Schnelligkeit gepolten Gegenwart.

Die Massenmedien, Boulevardblätter leben davon. Populisten, wie Donald Trump nutzen diesen Umstand aus. Einer Mitarbeiterin hat er angeblich gesagt (bei einem Gerichtsverfahren bekanntgegeben): Nichts zugeben, lügen und weiter lügen! Etwas wird schon hängen bleiben. Es sind eh alles Lügner, die da oben, sagen daher viele. Kann man denen überhaupt noch glauben?

Was ist *wirklich wahr?*
Werden wir alle *manipuliert?*
Erich Fried hat es in einem Gedicht festgehalten:
Manipulieren kommt von manus, der Hand.
Wir verstehen uns als manipuliert und wir
hoffen unsere Wirklichkeit so zu begreifen.
Als uns wirklich noch Hände manipulierten,
war die Manipulation manchmal noch menschlich.

In der Öffentlichkeit herrscht die Meinung vor, dass Millionen Leser, Fernseher oder Hörer nicht belogen werden können. Es muss da schon was wahr sein – an Falschnachrichten, Gerüchten und Lügen. Wenn man sich dieser Meinung anschließt, kann man nicht falsch liegen.

Doch zurück zur Nachricht: Sie unterliegt, das haben wir bereits festgestellt, den Marktgesetzen, also der Marketingformel A.I.D.A. Attraction, Interest, Desire und Action. Wer am lautesten, am penetrantesten und originellsten auftritt, erregt Aufmerksamkeit. Im konkreten Fall bedeutet das mehr Leser, Hörer und Seher, große Einschaltquoten und mehr Reichweite. Ob die vermittelten Informationen diese Aufmerksamkeit auch verdienen, ist eine andere Frage.

„Wahrheit braucht Zeit" ist somit eine Kernaussage, die von uns Medienkonsumenten kritisches Denken und verantwortungsvolles Handeln verlangt.

Denken wir daran beim Medienkonsum, dass Wahrheit Zeit braucht. Sie ist wie ein kleines Pflänzchen, das mit Liebe und Geduld gehegt und gepflegt werden muss, damit es reifen und wachsen kann. Dann können wir auch die Früchte, die es trägt genießen. Wir können stolz sein, sie in die Welt gesetzt zu haben.

Wahrheit braucht Zeit, geben wir sie ihr!

Bernd Siebitz (1944) ist Autor von literarischen Texten und wirtschaftspolitischen Fachbüchern, PR-Experte und NGO-Aktivist für entwicklungspolitische Themen.

Brigitta Huemer
Ein ausgespartes Vermächtnis
Zum Wahrheitsbegriff bei Ingeborg Bachmann

Bei ernsthafter Auseinandersetzung mit dem Werk von Ingeborg Bachmann *und* dessen Stellenwert in der Literatur, mutet es geradezu konsequent an, dass ihrem berühmten Zitat „Die Wahrheit *nämlich* ist dem Menschen zumutbar" das entscheidende Wörtchen ‚*nämlich*' über die Jahre abhanden kam. Seine Urheberin hatte es jedoch in ihrer Dankesrede zur Verleihung des Hörspielpreises der Kriegsblinden (1959) für ‹Der gute Gott von Manhattan› mit Nachdruck ausgesprochen. Diesem ausgesparten Wort scheint eine verdrängte Wirkmacht immanent zu sein. Es verweist auf eine gezielt eingefügte, zentrale Bedeutung. Wenn dieses ‚nämlich' seinem Wortsinn nach als ‚namentlich' gemeint ist, hält es mitten im Satz eine häufig übergangene Aufforderung hoch. Mit diesem Einschub wird die These persönlich lesbar und damit für den Einzelnen verbindlich. Damit sind wir ALLE explizit gemeint. Damit ist unsere subjektive Wahrheit namentlich aufgerufen. Daran erübrigt sich jede Art der Leugnung und Verdrängung, im Kleinen wie im Großen. Daran werden Abwehr, Machtanspruch, Schuldumkehr und krude Theorien zu lesbaren Indizien seelisch-geistiger Defizite. Damit wird jede individuell eingefärbte Wahrnehmung zur praktischen Übung höchstmöglich angewandter Objektivität. Dieses Wort schließt mit ein. Es fragt an, es nimmt in die Pflicht. Es richtet sich an die einzelne Person, als ein mitverantwortliches, lernfähiges Individuum. Das lateinische Wort für Persönlichkeit – *personare* – umschreibt ein ‚Hindurchtönen' geistiger Individualität und persönlicher Eigenart, durch eine endliche Hülle, eine Maske, eine Rolle, eine Prägung. Demnach können wir uns nicht dauerhaft entgehen.

Dieses kleine Wort also, nimmt unmissverständlich alltägliches Denken und Handeln ins Visier. Namentlich. Nichts weniger und das nach allen Seiten. Jede individuell definierte Wahrheit sollte – ehe sie Anderen zugemutet wird oder sich gar über eine andere erhebt – vor der eigenen inneren Instanz Bestand haben. Vor diesem

Zusammenhang verkehrt sich der bequeme Fingerzeig auf den Nächsten – in erster Konsequenz auf die eigene Person. Bevor lose Wahrnehmung und vorschnelles Urteil ihren Exklusivanspruch auf Wahrheit und Zumutung geltend machen, sollten wir uns die Wahrheit *wahrhaftig* selbst zumuten.

Ingeborg Bachmann leitet ihr Gedicht ‚Was wahr ist‘ mit den Worten ein: „Was wahr ist, streut nicht Sand in deine Augen, was wahr ist, bitten Schlaf und Tod dir ab." Allein diese beiden Verse heben den Wahrheitsbegriff auf eine geistige, auf eine Metaebene. Sie überführen zu klein geratene Befindlichkeiten, jedes notorische Rechtbehaltenwollen, jedes fragwürdige Motiv. Sie zwingen in ein Innehalten.

Ingeborg Bachmann ist eine hoch philosophisch-psychologisch ausgerichtete Autorin, eine visionäre Denkerin, deren Werk in der Tiefe aufblühen und uns leuchten kann, wenn wir es in seiner komplexen Aussagekraft erfassen können. Weit über beliebige Interpretation, Vereinnahmung und enge Landesgrenzen hinaus ist ihr literarisches Vermächtnis geistiges Allgemeingut, Welterbe im allerbesten Sinn. Es geht uns alle an. Männer und Frauen, Groß und Klein gleichermaßen. Es richtet sich an Lernwillige – wie Unwillige, an schlafendes wie gewecktes Bewusstsein. Niemand kann sich ihm entziehen, ohne entweder Schaden zu hinterlassen oder selbst Schaden zu nehmen. Sind doch alle gesellschaftlich wirksamen Strukturen, alle Beziehungsmodelle und politischen Systeme, immer nur so wahr – so intakt, wie es um Erkenntnis und Bewusstsein des Einzelnen bestellt ist. Und dabei sind wir gut beraten, uns nicht weiter voran zu wähnen als der Andere nebenan. Alles bildet sich im großen Weltgeschehen mit ab. Nichts – weder Bewusstes noch Unbewusstes, weder Zuwachs noch Mangel, kein Tun, kein Versäumnis – bleibt ohne Wirkkraft im Nahen *und* im Ganzen.

Ein zweiter bemerkenswerter Aspekt ergibt sich aus der Tatsache, dass Ingeborg Bachmann besagte Rede vor Kriegsblinden hielt. Im jüngsten Film von Margarethe von Trotta: ‚Reise in die Wüste‘, spricht sie symbolträchtig vor einer Armada von Männern mit Augenbinden und versteinerter Miene. Ob die Regisseurin diese Assoziation gezielt einsetzt oder nicht; es drängt sich einem unweigerlich die Frage auf: Hat sich an dieser zur Schau gestellten Blindheit – auf zumindest einem Auge – bis heute etwas zum Besseren gewendet? Die Antwort darauf gaben in ihrer Zeit und geben heute wieder, beklemmende Aktualitäten.

„Wir müssen wahre Sätze finden." riet die Autorin. Eindringlich. Sie hat sich selbst beim Wort genommen. Wahr ist ihr Satz. Er wagt den Alleingang. Er schält sich aus dem Kontext, steht frei. Ein Satz wird zum Monument im Text. Er setzt sich aus. Er hält die Botschaft hoch. Ein Satz, der bleibt. Schlicht und vollkommen.

Ingeborg Bachmann: „Die Geschichte lehrt dauernd, sie findet aber keine Schüler."

Brigitta Huemer ist Existenzanalytikerin, Logo - und Bibliotherapeutin, Schreibtrainerin und Schriftstellerin; vier veröffentlichte Lyrikbände, vielfache Publikationen in Zeitschriften und Anthologien, mehrfache Preisträgerin namhafter Literaturbewerbe.

Elisabeth Hafner
Wessen Wahrheit zählt?

Das über Österreichs Grenzen hinaus geschätzte Gesprächsforum der Fresacher Toleranzgespräche hat sich etabliert. Das zeugt von Risikobereitschaft, Einsatz und einem langen Atem. Seit zehn Jahren bereichern illustre Frauen und Männer die Gesprächsplattform. Wer nicht vor Ort sein kann, kann via Liveübertragung daran teilhaben. Die GestalterInnen sind zurecht stolz auf ihr Werk und über die Ihnen verliehene Würdigung durch einen Europa-Staatspreis. Viele Jahre war meine, unsere Teilnahme berufsbedingt nicht möglich. Deshalb waren die Erwartungen für 2024 hochgesteckt.

Ein Symposion wird zum öffentlichen Raum, wie es im Namen Denk.Raum.Fresach auch bezeichnet wird. Diesen schönen, freien Denkraum aber haben einige Referenten mit misogynen Aussagen befüllt. Der öffentliche (Denk)Raum in Fresach im Toleranzmuseum war für Frauen nicht verletzungsfrei, im Gegenteil, er war mit sie beschämenden Gesten und Worten besetzt. Hier kam das sogenannte Harnack-Prinzip zum Einsatz, *the Great Man Theory*. Ich bin nicht die einzige Zuhörerin, die es auf die eben beschriebene Art und Weise erlebt und empfunden hat.

Die Frage nach der Wahrheit war das plakatierte Thema. Wer eine ernsthafte Auseinandersetzung erwartet hatte, wie wir mit dem Begriff der Wahrheit umgehen, ihn befragen und ergründen, wer dies erwartet hatte, wurde enttäuscht. Die Frage, was uns die Wahrheit oder die Lüge kosten oder auch wie gefährlich uns derzeitige Fake News werden könnten, wurden schludrig abgehandelt: Das Instrument der althergebrachten paternalen *Fake News*, eine Geschlechtergruppe könne die andere dominieren, wurde in Fresach von einigen Herren eingesetzt und ausgereizt.

Das mehr als berechtigte Anliegen von Frauen nach gleichwertigem und gleichberechtigtem, gesellschaftlichem Umgang wurde spöttisch abwertend kommentiert. Wer von sich, ganz nach Art des *gods trick* behauptet, noch nie gelogen zu haben, lügt. Ein Ethiklehrender, der sich von feministischen Schriftstellerinnen effektvoll distanziert, schreibt defacto am Festhalten ungerechter Lebensbedingungen für Frauen weiter, ein anderer macht das Akronym Helm publik. Sie implizieren damit die Fortsetzung sozialer Unterdrückungsmechanismen. Ja, sie haben uns, ob beabsichtigt oder unbeabsichtigt, an ihrer Wahrheit teilhaben lassen, einer Wahrheit, die anderen die Gleichwertigkeit nimmt und Frauen und deren Lebensbedingungen abwertet. Dies alles kann man auf den Videos nachhören, über welch altbekannte patriarchale Fußangeln man da stolperte.

Ohne die Frauenfrage lässt sich der Begriff der Wahrheit nicht einmal auch nur ansatzweise glaubwürdig diskutieren.

Referenten, die die Mindestspielregeln der Geschlechterfairness im öffentlichen Raum nicht beherrschen, disqualifizieren sich von selbst. Waren es vier oder fünf Männer nacheinander, die die Eröffnungsworte in der Kirche sprachen? Eröffnungsworte von Gabriele Russwurm-Biro, der Ehrenpräsidentin des Kärntner SchriftstellerInnenverbandes, fehlten. *Ach, jetzt haben wir dich vergessen*, war zu hören. *Oder: du bist so schön angezogen, da kannst ja gleich auf die Bühne gehen* (!). Wertschätzung klingt anders, Wertschätzung fühlt sich anders an. Wertschätzung ist die Übernahme von sozialer Verantwortung.

Weibliche Referentinnen waren in der Minderzahl, die Männerquote übererfüllt, Redezeiten ungleich verteilt, die Chance einer Vorbildwirkung für geschlechtergerechte Zusammensetzung der Gesellschaft wieder einmal vertan. Vom Hemmnis patriarchaler Rahmenbedingen schreiben wir hier ja gerade. Frauen erwarten sich zurecht einen verletzungsfreien öffentlichen Denk- und Sprechraum. Das ist das Mindeste, wofür von den Verantwortlichen zu sorgen ist, auch wenn Referenten natürlich in Eigenverantwortlichkeit sprechen. Auch eine Mikroverletzung ist eine Verletzung, vor allem in deren Summierung. Der (männliche) Aufruf, nicht so empfindlich zu sein, zeugt, bei genauem Hinschauen bloß von der Verteidigung dessen, der die weiblichen Interessen und die Frau in ihrer Würde verletzt hat. Die ungläubige Frage nach dem „Das hat euch verletzt?" zeugt vom Verwischen und Unkenntlichmachen unsozialen Tuns.

Frauen sind zu empfindlich? Es ist üblich, Frauen durch Nicht-Wertschätzung und Abwertung zu schwächen. Die kürzlich verstorbene Nobelpreisträgerin für Literatur, Alice Munro schreibt: *Männer fürchten sich davor, ausgelacht zu werden, Frauen fürchten sich davor, getötet zu werden.*

Kant wurde erwähnt und Aristoteles. Hannah Ahrend fand nur mehr als Partnerin (!) eines Mannes eine kurze Nennung. Ihr müsste man ein Symposion widmen, oder der Bachmann, den Kinderrechten (gerade in Kärnten) oder dem Thema der Weiblichkeit. Wie die Lebensbedingungen der Mütter umgestaltet werden sollen, damit den Müttern gerechte Teilhabe an der Gesellschaft ermöglicht wird, sollte zur Sprache gebracht werden.

Die unerzählte Geschichte der Frauen, an deren ausgelöschte Geschichte muss erinnert werden: Von Silvia Federici sollte man hören, von den übergangenen Frauen, den vergessenen Wissenschaftlerinnen, den überhörten Literatinnen. Wie schaffen wir gerechtere Lebensbedingungen für alle Menschen, das ist das Kernthema. Es ist an der Zeit, dass Männer ihren Übergenuss an Deutungshoheit und Dominanz reduzieren, zugunsten einer gerechteren Verteilung sozialer Verantwortung. Das wäre auch für ein Friedensthema geeignet.

Gerne hätten wir Claudia Paganini, Alice Pechriggl, Julya Rabinowich und Elisabeth Faller noch länger gelauscht. Feministische Anliegen beziehen sich auf die gleichwertige und gleichberechtigte Teilhabe sowie Anerkennung aller Menschen in ebenso allen gesellschaftlichen Bereichen des Lebens. Die Verantwortlichen der Fresacher Toleranzgespräche können das Ihre beitragen, eine ausgewogene Balance im Sinne der Geschlechtergerechtigkeit herzustellen. Das hoffen wir mit den besten Wünschen für eine weitere kreative Entwicklung des Denk.Raum.Fresach.

Elisabeth Hafner ist Gestaltpädagogin und Lehrende an der Fachschule für Sozialbetreuungsberufe, Validationsanwenderin, Biografiearbeiterin, preisgewürdigte Autorin, Vorstandsmitglied im Kärntner SchriftstellerInnenverband, Mitarbeiterin bei der Interessensgemeinschaft feministischer Autorinnen und im Schreib(t)raum Ventil, Mutter von sechs Kindern und sechsfache Großmutter.

Maria Alraune Hoppe

Mitgelauscht und aufgeschnappt

Mitgelauscht.

Im Schanigarten eines Wiener Cafés.

Ein Mann, Mitte fünfzig, mit eindringlicher Stimme zu der etwa zwanzigjährigen Frau, die den letzten freien Platz an seinem Tisch eingenommen hat. Beide sehr rasch in einer Diskussion darüber, was Wahrheit sei:

Wahr ist was ist. Das ist doch sonnenklar, weil was ist. Das kann ich wiegen, messen, irgendwohin ab- oder aufstellen, wenn es ein Gegenstand ist. Ich finde ihn immer wieder dort vor, wo er verwahrt ist – und das ist wahr.

Die junge Frau kontert: Wahr ist, was nicht ist, weil das, was ist, vergeht. Somit ist es über kurz oder lang nicht mehr wahr – nach Ihrer Theorie!

Mit stetig an Lautstärke zunehmender Stimme er: Was wahr ist, das ist !!! Ich bleibe bei meiner Behauptung. Weil: Wenn es ist, ich es wiegen und messen kann, dann kann dies jeder andere auch nachvollziehen, ich kann mein Wahres fotografieren, dokumentieren sowie konservieren für spätere Generationen.

… er, das Sprachtempo steigernd, als wolle er nicht nur ihr, sondern auch sich selbst mit zunehmender Energie seine Überzeugung anpreisen:

Ich kann die Maße in irgendwelche Tabellen eintragen, zum Beispiel das Gewicht, kann die Eigenschaften untersuchen, diesen Wahrheitsgegenstand in einen Raum, abstrakt als „Denkraum für die Zukunftsforschung über das Objekt" benennbar, einordnen und ablegen. Was wollen Sie noch mehr? All das kennzeichnet die von mir Ihnen vorgestellte Wahrheit, oder?

Lässig mit der Hand seine Worte wegwischend sagt die Frau: Lächerlich!!! Was Sie da beschreiben, ist in Wirklichkeit schon in sich nicht wahr, weil das was ist, wie Sie sagen, objektiv wahr sei, wie etwa ein Gegenstand! Der ist jedoch in sich schwingend, besteht aus Atomen, also verändert er sich in sich, kann daher nach Ihrer Theorie gar nicht wahr sein. Wie soll das Ding als aus Wellen und Teilchen zusammengesetztes Schwingungsbündel immer das gleiche sein?

Ein Buchfink tirilliert mit der Stimme der jungen Frau um die Wette.

Bedenken Sie zudem: Über kurz oder lang vergehen, verflüchtigen sich die Werte des Gewogen- und Gemessen-Seins. Das Fotografierte ist ebenfalls nicht absolut wahr, denn die Frage wäre zu klären, bei welcher Beleuchtung, in welchem Licht ist der betreffende Gegenstand aufgenommen worden oder erschienen? Ist der von Ihnen als wahr aufgestellte Wahrheitsgegenstand überhaupt noch da? Ist seine Ist-Wahrheit korrekt und vollständig rundum beleuchtet worden?

Der ihren Tisch überwölbende Baum spielt Schatten- und Sonnenblitzbilder über die Gesichter sowie den Tisch, an dem beide sitzen.

Ist er nicht schon längst in andere Sphären entschwunden, hat sein Aussehen verändert durch Licht- und Schatteneinwirkungen, wie wir gerade hier auf unserem Tisch beobachten können? Der Tisch wird abgerieben, er zeigt sein Altern. Wann ist er denn der Tisch, den jemand irgendwann hier aufgestellt hat, wann war er Tisch im Sinne des Tischlers, der ihn angefertigt hat? Ich, zum

Unterschied von Ihnen, behaupte also, dass das, was nicht ist, die Wahrheit ist. Selbst die Erinnerung des Wirtes an das Aussehen des Tisches zum Zeitpunkt des Kaufs wird unvollständig sein, sich im Laufe der Jahre ändern und symbolisch mit dem Tisch altern.

Der Mann ergreift die Armlehnen, neigt sich vor, während er gleichzeitig die Füße nach hinten schiebt. Es sieht aus, als wolle er der Frau ins Gesicht springen. Also hören Sie !!! Das, was nicht ist: Wie kann etwas die Wahrheit sein, wenn es nicht ist? Das klingt wie eine Fiktion, wie eine Utopie. Sind diese tatsächlich existent, gibt es sie? Werden sie jemals Wirklichkeit, was ist an ihnen wahr?

Sie, die die Wahrheit als nicht existent bezeichnet hat, qualmt ihm den Rauch ihrer mittlerweile zweiten Zigarette ins Gesicht und stellt sich ihm als Petra vor. Sie fragt seufzend, beinahe wie zu sich selbst gesprochen: Wie kann ich Ihnen klarmachen, dass ich recht habe und Sie auf dem Holzweg sind, den es im Moment zwar hier nicht gibt in dieser zugepflasterten Stadt, weit entfernt von einem Wald, wo Holzwege noch sein sollen, auf denen Pferde in alter Manier gefällte Bäume transportieren?

Der Mann sinkt in sich zusammen, lehnt sich wie resignierend zurück, die Augen in die Blattlücken gen Himmel rollend, seine Stimme klingt plötzlich sanft und beschwichtigend: Lassen Sie es gut sein, Sie mögen ja recht haben. Was mich im Moment mehr an Ihnen interessiert: Ich schaue Sie gerne an, wie Sie die Zigarette halten, das erinnert mich an alte Zeiten, da habe ich auch mal leidenschaftlich gern geraucht. Vielleicht können Sie mir erklären, ob die Zigarette in ihrer Hand existiert oder nicht, wenn Sie sie rauchen.

Die Frau schelmisch: Nicht mehr lange, keine Bange. Dann ist sie entschwunden, hat sich in Rauch aufgelöst. Und das ist dann die Wahrheit, auch wenn Sie sie nicht wiegen und messen können. Was Sie zugeben müssen, meine ich: Sie sehen mit, wie ich diese Zigarette rauche, sie sehen, wie diese kleiner und kleiner wird. Das könnten Sie filmen, zu dokumentieren versuchen, von Ihrer Warte aus. Sie würden allerdings nicht wissen und beobachten können, was in den Lücken zwischen den einzelnen Filmbildern passiert. Was Sie jetzt beobachten können ist, dass ich meinen Glimmstängel abtöte, ich meine die Zigarette.

Über das Gesicht der Frau huscht ein süffisantes Lächeln, was er damit quittiert, eine sich auf seine Hand setzende Fliege – PATSCH – zu erschlagen und ihr diese auf ihren Kaffeelöffel zu legen. Es schüttelt die Frau. Ob sie dies merkt, ob sie ihre Körpervibration als Einbildung der sie beobachtenden Personen ringsum abtun würde? Ihr sich Schütteln wird wahrgenommen. Ob auch von ihr selbst? Nein! Wie können Sie eine Fliege umbringen? Wissen Sie nicht, wie nützlich dieses Insekt für uns ist? Fliegen zerlegen mithilfe ihrer Brut Verfaultes, wandeln es um in Wachstumsenergie. Auch das ist Wahrheit, weitgehend noch immer geheimnisvoll, unwägbar, nicht vorhersagbar und dennoch wahr, denn es zeigt Wirkung. Was Sie messen könnten: Verfaultes ist nicht mehr da. Was Sie nicht wissen, wie das genau geschah.

Einen kurzen Moment schaut der Wahrheitsbehaupter erneut gen Himmel, verfolgt gleich drauf mit seinen Augen den vorbeiklappernden Fiaker. Sein Durst bringt seinen Blick zurück zu seinem Bierglas, in dem eine Fliege versucht, dem Schaum zu entkommen. Der Platz neben ihm am Tisch ist leer. Er reibt sich die Augen. Wohin ist die Frau in Wahrheit entschwunden?

Maria Alraune Hoppe ist Ergotherapeutin, Validationstrainerin und Erwachsenenbildnerin. Sie schreibt seit ihrer Jugend Lyrik, Prosa, Kurzgeschichten und Fachbeiträge und produziert Dokumentarfilme wie Musikimprovisationen.

Mario Rausch
Wahrheit als Bumerang
Ein historischer Exkurs

Darzustellen „wie es eigentlich gewesen ist" – diesen Anspruch stellte der bedeutende Geschichtsschreiber Leopold von Ranke schon im 19. Jahrhundert und propagierte damit eine kritische Auseinandersetzung mit historischen Quellen, wie sie heute selbstverständlich ist. Schon 2400 Jahre zuvor hatte Thukydides, der Chronist des Peloponnesischen Krieges (431 - 404 v. Chr.), ähnliches formuliert: „Was aber tatsächlich geschah in dem Krieg, erlaubte ich mir nicht nach Auskünften des ersten besten aufzuschreiben, auch nicht nach meinem Dafürhalten, sondern bin Selbsterlebtem und Nachrichten von anderen mit aller erreichbaren Genauigkeit bis ins einzelne nachgegangen."

Dem antiken Historiker ging es allerdings vor allem darum, die Mechanismen von Machtpolitik sichtbar zu machen, um daraus moralische Lehren für eine bessere Zukunft zu ziehen. Die damaligen Philosophen, allen voran Platon und Aristoteles, stellten die grundsätzliche Frage nach den Möglichkeiten und Grenzen der menschlichen Erkenntnis (Stichwort: Höhlengleichnis) und spürten in ihren Werken den Prinzipien einer gerechten Gesellschaft nach. Spätere Staatstheoretiker haben diese Erkenntnisfrage unter geänderten gesellschaftlichen Voraussetzungen immer wieder neu diskutiert und vor allem seit dem 18. Jahrhundert entscheidend weiterentwickelt.

Die virtuelle Welt mit ihrer Flut an Informationen, die aus unterschiedlichsten Kanälen auf den Empfänger einprasseln, macht die Frage nach der tieferen Wahrheit der generierten Inhalte und der daraus abzuleitenden Erkenntnisse zu einer sich stündlich, ja minütlich einstellenden neuen Herausforderung.

In der global vernetzten Social Media Blase zählen dabei andere Normen und Werte als in philosophisch-wissenschaftlichen Diskursen. Klicks und Likes werden schnell und inflationär angewandt und vergeben, Fotos hochgeladen, Erlebnisse geteilt.

Längst haben die politischen Parteien diesen Marktplatz emotional gesteuerter Selbstdarstellung für sich entdeckt und zum Teil des demokratischen Prozesses gemacht. Je mehr Follower ein Politiker hat, desto größer seine Bekanntheit und damit auch seine Chancen beim nächsten Urnengang.

Das Spiel mit den Emotionen der Bürger hat lange Tradition, das gab es schon zu Zeiten der alten Griechen in der Volksversammlung. Doch damals traten die Politiker noch physisch vor ihr Publikum und lösten so Emotionen aus, die im wechselseitigen Austausch wahrgenommen und eingeordnet werden konnten.

Ein medialer oder über Social Media ausgelöster Shitstorm hat ganz andere Gesetze und kann nicht nur Politiker und Prominente, sondern selbst einfache Nutzer treffen. Die von den alten Griechen mühsam erkämpfte *isegoria*, das Recht der freien Meinungsäußerung jedes Bürgers, wird in der modernen Kommunikationsgesellschaft zu einer Art Bumerang: Wer sich frei äußert, verliert den Schutz der Anonymität, und seine Privatsphäre wird rasch Teil einer virtuellen Öffentlichkeit, in der ganz eigene Gesetzmäßigkeiten gelten.

Fakt oder Fake, richtig oder falsch, die Suche nach der Wahrheit in der Flut der einprasselnden Informationen ist eine der großen Herausforderungen der Gegenwart und Zukunft. Sich dafür zu rüsten ist Verantwortung jedes Einzelnen und sollte wesentlicher Teil der Erziehung künftiger Generationen sein.

Mario Rausch (1970) ist Kulturhistoriker, Vortragender und Autor zahlreicher wissenschaftlichen Arbeiten zur Alten Geschichte und Epigraphik.

Martina Kircher
Wahrheit als Möglichkeit

Was ist Wahrheit?

Meine Wahrheit, deine Wahrheit?

Deine ist ebenso wahr, wie es meine ist. Der Himmel ist blau, die Wiese ist grün – das sind allgemeingültige Wahrheiten. Spezialisierte Wissenschafter würden uns darauf hinweisen, dass dieses Blau des Himmels nur eine Wahrnehmung sei, und der Begriff Himmel schon ...

Wahrnehmung ist also nicht gleich Wahrheit?

Die Ureinwohner Australiens, die Aborigines, sind der Meinung, die Welt, die Wirklichkeit ist dort, wo wir sie sehen und endet am Horizont. Durch Bewegung verschiebt sich der Horizont. Ihre Wahrheit beginnt dort, wo ihre Wahrnehmung beginnt, dort wo sie sind. In psychologischer Überlegung würde es bedeuten, dass wir keinen Einfluss auf diese Bereiche der Welt haben, solange wir uns dort nicht aufhalten und unsere Wahrnehmung, unsere Wahrheit, diese Umgebung mitgestaltet und verändert.

So mancher „weiße" Mann würde sich ob dieser Gesinnung unbedeutend fühlen. Trump, Putin und anderen ist die Vorstellung, nicht auf alle Mitmenschen einen Einfluss zu haben, schlicht unvorstellbar. Ihre Wahrheit ist gültige Wahrheit.

Ist das Gegenteil von Wahrheit Lüge? Wenn jemand von sich behauptet: „Ich habe noch nie gelogen", ist er ein Lügner oder empfindet er seine Wahrheit nur anders? Wir bemerken, dass diese Menschen manchen Fragen ausweichen, um nicht zu lügen. Sie picken sich ihre Wahrheit aus einem Angebot aus Möglichkeiten. Wie ein Mathematikprofessor, der bei den Hausaufgaben seiner SchülerInnen nur das Ergebnis kontrolliert. Die Summe ist richtig, ist wahr, ist nicht gelogen. Ob der Schüler oder die Schülerin einen falschen Rechnungsweg genommen hat und nur zufällig zu diesem Ergebnis kam oder gemogelt oder abgeschrieben hat? Wen kümmert es? Diese Wahrheit würde nicht zu seiner Überzeugung passen.

Wer also wollen wir sein?
Wer also sollen wir sein?
Wenn jeder seine eigene Wahrheit hat, sollten wir nicht alle nach Schnittstellen suchen, die unsere Wahrheiten verbinden?
Wir sollten unseren Mitmenschen nicht erläutern, warum unsere Wahrheit die einzig wahre sein muss, sondern erklären, wie wir zu unserer Wahrheit gelangt sind und durch den Austausch unserer Wahrnehmungen zu einer neuen Wahrheit finden.
Das allerdings erfordert Toleranz und Nächstenliebe.
Sind wir dazu bereit?

Martina Kircher ist Natur- und Märchenpädagogin in der Erwachsenenbildung, Autorin und Erzählerin von phantastischen Geschichten. Seit schreibt Texte und Reportagen für regionale Medien und publiziert Kinderbücher.

Sieglind Demus
Das Spiel der Wahrheit

Das Ego lässt die Wahrheit niemals zu, lautet eine buddhistische Weisheit. Wir, der Zunft der Lügnerinnen und Lügner angehörend, sind eingeladen, über die Wahrheit zu sprechen und zu schreiben. Dabei ist es unser Brot, Geschichten zu erdichten und zu verdichten, Wahrheiten zu verdrehen, zu verändern oder noch besser, gänzlich neu zu erfinden.

Stolpern wir deshalb auf kurzen Beinen durch Wälder, über Wiesen, Straßen und Pfade entlang und rund um eine Welt, von der wir uns einreden, ja erschreiben wollen, dass sie echt, real sei? Imaginieren so üppig blühende Rosen, dass Leserinnen und Leser kein grünes Blatt sehen, dass sich am Wegesrand statt Disteln Malven im Wind wiegen? Kippen wir den Zauberberg hinunter, überschlagen uns in Purzelbäumen, weil unsere langen Nasen uns aus dem Gleichgewicht bringen?

Betrüge ich, wenn ich flunkere, sich meine Protagonistinnen Franziska und Carlotta, ob meiner Phantasie in Gefahren begeben, Abstürze heldenhaft überleben, oder Kois (Karpfen) Flügel wachsen, wenn sie in den Wasserfall schwimmen?

GeschichtenerzählerInnen, TexterInnen, SchriftstellerInnen, schreibt Ihr die Wirklichkeit herbei oder verschenkt Ihr Eure Lügen, Märchen, Wunder – ja Eure Phantasie? Es ist das Privileg der Leserinnen und Leser, daraus Einsichten zu gewinnen.

Wäre das Gegenteil der Wahrheit die Lüge, ist dann die Sehnsucht, die Lüge zu hören, zu lesen, größer als die Sehnsucht nach der Wahrheit?

Selbst, wenn ich nach bestem Wissen wahr spreche, ist es meine eingeschränkte Sicht. Ich stehe nicht unbefleckt auf einem Turm, der es mir erlaubt, 360 Grad abzuschreiten, nicht nur alles zu sehen, sondern auch zu erkennen. Alles, was ich vermag, ist, Wahrhaftigkeit anzustreben.

Und – hoffen wir, dass das Meiste, das wir schreiben, nie Wahrheit wird.

Sieglind Demus ist Fachjournalistin, Texterin und Fotografin sowie prämierte Autorin von literarischen Begegnungen und Anthologien.

EUROPA UND DIE WAHLEN 2024

Fresacher Wahrheitscharta

DIE ALTEN WAHRHEITEN

Über Jahrhunderte haben Religion und Politik in Europa bestimmt, was als Wahrheit zu gelten hat. Propagierte Wahrheiten anzuzweifeln oder anzufechten konnte mit Gefängnis, Landesverweis und sogar Scheiterhaufen enden. Menschen, Untertanen wie Steuerschuldner hatten so kaum eine Chance, bestehende Gegebenheiten in Frage zu stellen – und waren sie auch noch so falsch und ungerecht. Bis heute ist es in Diktaturen eine beliebte Methode, Gegner und Leugner einer angeordneten Wahrheit mit Drohungen und Klagen einzuschüchtern, strafrechtlich zu verfolgen, in die Psychiatrie einzuweisen oder gleich in ein Umerziehungslager zu sperren.

Doch die von Europa ausgehenden Revolutionen haben so manche „ewige Wahrheit" aus den Angeln gehoben und ihre Apologeten in Kirchen, Herrscherhäusern und Machtzentren in die Schranken gewiesen. Es waren die Wissenschaften, die den Lehren von der Überlegenheit bestimmter Rassen und Klassen, ja sogar mancher Fürstenfamilien, den Boden unter den Füßen wegzogen. Es waren die Wissenschaften, die der „naturgegebenen" Ungleichheit, dem Kolonialismus und ethnischen Rassismus innerhalb Europas die Glaubwürdigkeit entzogen ... und damit gewaltige Wirkung über alle Kontinente entfaltet haben.

DIE NEUEN WAHRHEITEN

Dabei unterliegen auch die durch Wissenschaft und Forschung erlangten neuen Wahrheiten dem Fortschritt. Jedes Streben nach neuem Wissen, jede Wissenschaft, lebt nicht nur von Bestätigung, sondern auch von Einspruch und Widerspruch. Was heute wahr ist, kann sich morgen ändern – durch neue Erkenntnisse, zu denen wiederum die Wissenschaften selbst beitragen. Darum sind Bildung, Wissenschaft und Forschung in Europa so zentral für die Wahrheitsfindung, für das Wohlergehen der Gemeinschaft wie auch für eine lebendige Demokratie.

Jenes neue Europa, das sich nach dem Zweiten Weltkrieg Schritt für Schritt zu einer Union zusammenfand, muss sich deutlich vom alten Europa distanzieren, und zwar von jenen Ländern, deren Herrschende ihren eigenen Bürgern und Nachbarn immer wieder falsche Wahrheiten aufzwangen, die sich später als Lügen erwiesen haben. Das war im Faschismus und Nationalsozialismus der Fall, ebenso wie im Kommunismus und Stalinismus. All diese Systeme produzierten immer ihre eigenen „Wahrheiten", um die herrschenden Vertreter an der Macht zu halten.

Das neue und aufgeklärte Europa braucht nicht den Zwang zu bestimmten Wahrheiten verbreiten, sondern strebt nach universellem Wissen, Dialog und Zusammenarbeit über alle Grenzen hinweg. Europa heute geht davon aus, dass sich die Wahrheit aus einer vorurteilsfreien Beobachtung und Analyse der Fakten von selbst ergibt. In diesem Sinne bekennt sich das neue Europa zu wissenschaftlichen wie empirischen Erkenntnissen, und bekämpft Obskurantismus und weiter bestehende Vorurteile, die schon in der Vergangenheit für Hass, Unglück und Zerstörung gesorgt haben.

ALTERNATIVE WAHRHEITEN

Doch wir sehen Kräfte am Werk, die „alternative" Wahrheiten propagieren und neue Vorurteile verbreiten. Diese Kräfte suchen nicht nach Wahrheit, sondern vernebeln die Diskussion, um die politische Macht zu ergreifen. Die Vielfalt der Meinungen, die über neue Kanäle und Medien auf die Bürger*innen einprasseln, macht es ihnen leicht, ihre Lügen und Mythen in Wahrheiten zu verdrehen. Ganze Lügenfabriken versuchen die Stimmung aufzuheizen und Wahlen zu beeinflussen. Sie wollen das neue Europa und seine Errungenschaften diskreditieren und zerstören.

Die Herausforderung, Lügen zu identifizieren und aufzudecken, wird aufgrund der Möglichkeiten Künstlicher Intelligenz und der Anwendung falscher Algorithmen noch dringlicher. Wir müssen daher selbst KI-Techniken anwenden, um Unwahrheiten und Fälschungen sichtbar zu machen. Jedenfalls bedarf es intensiver Anstrengungen und gesellschaftlichem Druck auf die globalen Medien- und Technologiekonzerne, um deren Sensibilität und Verantwortungsbereitschaft zu erhöhen! Hier geht es nicht um Zensur, sondern um das gemeinsame Bekenntnis zur Wahrheit!

WAHRHEIT DURCH WISSEN

Regierungen und Zivilgesellschaft sind aufgerufen, das Vertrauen in wissenschaftliche Erkenntnisse und die Wahrheitsfindung durch wissenschaftliche Verfahren zu stärken. Das kann nicht durch Verordnung von Wahrheiten oder Gesetzen, sondern nur durch öffentlichen Dialog und sorgfältige Begründung für gefundene Wahrheiten gelingen. Neue Erkenntnisse stehen der Wissenschaftsorientierung nicht entgegen, sondern sollen die Wahrheitsfindung unterstützen. Hier stehen wissenschaftliche Erkenntnisse nicht im Widerspruch zu religiösen Glaubenssätzen. Entscheidend ist die Fähigkeit und Bereitschaft zu Dialog, Toleranz und gegenseitiger Akzeptanz.

DIE ROLLE DER MEDIEN

Zur Wahrheitsfindung bedarf es aber auch der Medienvielfalt und Medienkompetenz, um alternative Fakten und Propaganda zu entlarven. Denn Naivität im Umgang mit sozialen Medien kann rasch zu Manipulation und Irreführung der Öffentlichkeit führen. Werden die Medien von Trollen gekapert, von interessengeleiteten Finanziers gesteuert und von antidemokratischen Kräften gekauft, ist unsere Demokratie in Gefahr und mit ihr die Presse- und Meinungsfreiheit.

Unabhängiger und kritischer Journalismus ist ein demokratisches Gut. Er gibt der Wahrheit eine Stimme und sorgt für Gerechtigkeit und Ausgleich von Interessen. Er ist ein wichtiges Instrument der Aufklärung und der Rechtstaatlichkeit, leistet einen unverzichtbaren Beitrag zu Information, Kritik und Kontrolle – und somit für die demokratisch notwendigen Korrekturverfahren (Reformen). Wer Wahrheit will, wird sich genau um diese Qualität der Medien zu bemühen haben.

Fresach, 17. Mai 2024 | Denk.Raum.Fresach
Dr. Hannes Swoboda, ETG-Präsident

Radka Denemarková
Toleranzpreisträgerin 2024
Stadt Villach und Denk.Raum.Fresach würdigen
Engagement für die Wahrheit*

Die tschechische Autorin und Übersetzerin Radka Denemarková erhält den Europäischen Toleranzpreis 2024 für Demokratie und Menschenrechte der Stadt Villach und des Denk.Raum.Fresach. Sie versteht es wie keine andere politische Schriftstellerin, unterschiedlichste Figuren und Andekdoten zu einem phantasievollen Literaturgobelin zu verweben. Ihr kompromissloses Engagement für die Wahrheit ist ermutigend, so die Begründung der Jury.

Denemarková beschreibt in ihrem Werk die Krankheiten unserer Zeit, sie diagnostiziert die Ursachen für Fehlentwicklungen und beklagt die Unmoral und Profitgier von Unternehmen ebenso wie die Verkommenheit staatlicher Institutionen, die grotesken Folgen vermeintlich naiver Handlungen, die Ohnmacht des Einzelnen und das unbarmherzige Schicksal von Vertriebenen. Sie baut ihre Bücher wie einen imposanten Tempel, sie schreibt schonungslos und direkt, mit enormer Sprachmacht und plastischen, unter die Haut gehenden Bildern.

„Kompromisslos für die Wahrheit, engagiert gegen Kollektivschuld und Ungerechtigkeit": So begründet die Jury die Auszeichnung für Denemarkovás politisches und literarisches Engagement, das bereits im Volksschulalter begann und später mit dem Studium der Germanistik und Bohemistik an der Karlsuniversität Prag zur Profession wurde. Schon während ihrer Berufsjahre als Journalistin und Übersetzerin setzte sie sich mit den dunklen und verdrängten Seiten der europäischen Geschichte auseinander, analysierte patriarchalische Strukturen und die damit verbundene Gewalt.

Magischer Realismus als Stilmittel

In die neuere tschechische Literaturgeschichte ging Denemarková mit ihren Sprachbildern ein, die Kritiker mit „magischen Realismus" umschreiben. Ihr literarischer Stil verknüpft Erfahrungen des täglichen Lebens mit phantastischen Elementen und schafft so einen Kosmos, der die Gesetze der Realität herausfordert und auf den Kopf stellt. In diesem literarischen Universum existieren das Wunderbare und das Alltägliche auf natürliche Weise neben- und miteinander.

Ihr erster größerer Roman „Ein herrlicher Flecken Erde" (Originaltitel: „Penize od Hitlera" bzw. „Das Geld von Hitler") erschien 2007, es folgten dokumentarische Erzählungen und Übersetzungen, die mit zahlreichen Auszeichnungen prämiert wurden. 2017/2018 war sie Stadtschreiberin in Graz, 2019 erschien ihr Roman „Ein Beitrag zur Geschichte der Freude", 2022 die deutsche Ausgabe des monumentalen 880 Seiten starken China-Romans „Stunden aus Blei", der von den Kritikern hymnisch gefeiert und vielfach ausgezeichnet wurde.

„Radka Denemarková erhält den Europäischen Toleranzpreis 2024 für Demokratie und Menschenrechte der Stadt Villach, weil ihr kompromissloses Engagement für die Wahrheit den Menschen Mut gibt, ihre Geschichte zu erzählen. Denn nur wer seine Geschichte erzählt, kann das Unrecht sichtbar machen und die Verlogenheit und Barbarei der Mächtigen entlarven", heißt es in der Begründung der Jury.

* Aus dem Pressetext zur Preisverleihung am 16. Mai in Fresach.
Die Auszeichnungsveranstaltung ist auf Youtube abrufbar.

Hannes Swoboda
für politisches Lebenswerk geehrt
Engagement für Toleranz und Menschenrechte

Der Europapolitiker Hannes Swoboda wurde am 16. Mai 2024 in Fresach für sein politisches Lebenswerk im Geiste der Toleranz, Demokratie und Menschenrechte ausgezeichnet. Swoboda habe über ideologische Grenzen hinweg Respekt und Anerkennung für sein soziales Engagement erworben, er habe mit seinem politischen und kulturellen Engagement Brücken gebaut und dabei viele Menschen ermutigt, europäisch zu denken und zu handeln, heißt es in der Begründung des Europäischen Toleranzzentrums Fresach.

„Die Auszeichnung eines Lebenswerks ist immer mit einem hohen Maß an Verantwortung und Zuneigung verbunden. Wir haben Hannes Swoboda in den zehn Jahren seiner Präsidentschaft der Europäischen Toleranzgespräche als hochkompetenten, überaus gebildeten und wissenden Zeitgenossen kennen und schätzen gelernt. Ohne ihn hätten die Toleranzgespräche nicht jenen Tiefgang gewonnen, der im Laufe der Jahre zur breiten internationalen Anerkennung beigetragen hat", so die schriftliche Erläuterung des Toleranzzentrums.

Swoboda ist neben seinem Engagement für die Europäischen Toleranzgespräche Vorsitzender namhafter Institutionen, unter anderem Präsident des Wiener Instituts für Internationale Wirtschaftsvergleiche (WIIW), Präsident des Architekturzentrums Wien und des FH Campus Wien Fördervereins, Präsident des Instituts für den Frieden und des Vereins der Freunde der Wienbibliothek, Vorstandsmitglied des Bruno Kreisky Forums und im Institute for Middle-East and Balkan Studies sowie des Centers for Democracy and Reconciliation in Southeast Europe und des European Council for Foreign Affairs.

Durch und durch Europäer in Reden und Taten

Der gebürtige Niederösterreicher aus Bad Deutsch-Altenburg gilt als einer der erfahrensten heimischen Europapolitiker seit dem EU-Beitritt. Nach seinem Studium der Rechts- und

Wirtschaftswissenschaften war er von 1996 bis 2014 Listenführer der österreichischen Sozialdemokraten im Europaparlament und ab 2012 Präsident der europäischen S&D Gruppe. Er war in zahlreichen Ausschüssen und Delegationen tätig und hat als Berichterstatter mit Regionalfokus auf Südosteuropa, Zentralasien und Russland beträchtliche Beiträge im Kampf gegen politischen Extremismus und Benachteiligung von Minderheiten geleistet.

Seine vielfältigen Erfahrungen als Mitglied der Wiener Arbeiterkammer (1972-1986), des Wiener Landtags (1983-1988) und als Stadtrat (1988-1996) haben dazu beigetragen, dass er ein fundiertes Verständnis für soziale und politische Anliegen entwickelt hat, insbesondere in den Bereichen Internationale Beziehungen, Stadtplanung und –entwicklung, Bildungs-, Gesundheits- und Arbeitspolitik. Dieses wertvolle Know-how bringt Swoboda in seine vielen Funktionen ein.

Der evangelische Superintendent von Kärnten und Osttirol und Vorsitzende des Denk.Raum.Fresach, Manfred Sauer, streut dem Jubilar Rosen: „Swobodas Engagement ist uneigennützig und selbstlos, es gilt ohne wenn und aber – und es ist für alle, die ihn kennen, sichtbar und erlebbar: Hannes Swoboda lebt für die Europäische Integration, für Toleranz, Demokratie und Menschenrechte, für die Benachteiligten und Entrechteten dieser Welt, für den Willen zur positiven Veränderung. Wir zeichnen ein Lebenswerk aus, und eine Persönlichkeit, die für uns alle ein Vorbild ist."

Der Videobeitrag der Auszeichnungsveranstaltung ist unter dem Titel „Wieviel Lüge verträgt die Wahrheit?" auf Youtube abrufbar. https://www.youtube.com/ EuropaischeToleranzgesprache

Europastaatspreis für Toleranzgespräche
Maßgeblicher Beitrag zur europäischen Verständigung

Das Kärntner Bergdorf Fresach hat mit den Europäischen Toleranzgesprächen den Europa-Staatspreis 2024 in der Kategorie „Europa in der Gemeinde" gewonnen. Bürgermeister Gerhard Altziebler und das Organisationsteam des Denk.Raum.Fresach (DRF) nahmen die Auszeichnung am 7. Mai 2024 in Wien von Europaministerin Karoline Edtstadler entgegen. „Für uns ist das eine besondere Würdigung", sagte Wilfried Seywald von der Denkwerkstatt, „wir haben uns von Beginn an bemüht, Europa erlebbar zu machen."

Seit über 50 Jahren ist Fresach Heimat für Wissenschaft und Schrifttum, mit der Internationalen Schriftstellertagung (1972-1996) schrieb das Dorf im Ost-West-Dialog Literaturgeschichte. 2011 setzte sich der Ort mit der Landesausstellung „Glaubwürdig bleiben – 500 Jahre protestantisches Abenteuer" und dem evangelischen Toleranzmuseum ein Wissens- und Architektur-Denkmal. Die seit 2015 organisierten Toleranzgespräche knüpfen an diese Tradition an und führen den europäischen Einigungsgedanken mit einem eigenen Nord-Süd-Dialog fort.

Fresach trage mit den Europäischen Toleranzgesprächen maßgeblich zur Erreichung der gemeinsamen Ziele der europäischen Verständigung und der Stärkung des Europabewusstseins bei, so die Begründung der Fachjury, die sich aus Landjugend Österreich (Valentina Gutkas), Gemeindebund (Walter Leiss), dem Magazin Kommunal (Hans Braun), dem Fachmagazin public (Barbara Rauhofer) und der EU-Gemeinderätin Carmen Kiefer zusammensetzte. „Mit unserer klaren Entscheidung holen wir ein außerordentliches Projekt vor den Vorhang", so Valentina Gutkas.

Pressetext: www.bundeskanzleramt.gv.at/themen/europastaatspreis-2024.html
Video von der Verleihung: https://www.youtube.com/watch?v=gvzq90bEnFs&t=1s

Sri Chinmoy Friedenspreis für Fresach
Toleranzgespräche-Organisation ausgezeichnet

Der „Sri Chinmoy Friedenspreis 2024" wurde am 14. April an den Organisator der Europäischen Toleranzgespräche in Fresach, Dr. Wilfried Seywald, verliehen. Sri Chinmoy (1931-2007) war ein indischer Meditationslehrer und spiritueller Meister, der sich Zeit seines Lebens für den Frieden in der Welt engagierte und durch den 1987 erstmals initiierten „Peace Run" internationale Bekanntheit erlangt hat. Der Friedenspreis geht an Frauen und Männer, die sich dafür einsetzen, die Ideale des Friedens im Sinne des indischen Gurus realisieren. Die seit 1970 bestehende überkonfessionelle, von Sri Chinmoy geleitete Meditationsgruppe am Hauptsitz der UNO in New York sieht im inneren Frieden, dem Mitgefühl und der Toleranz des Einzelnen die Voraussetzung dafür, dass sich Frieden in der Welt ausbreitet. Diese Eigenschaften können durch Selbstbesinnung, Arbeit am eigenen Charakter, Meditation und Gebet erreicht werden.

In der Begründung zur Preisverleihung durch das internationale Sri Chinmoy Satsang Komitee heißt es: „Dr. Wilfried Seywald erhält den SRI CHINMOY PEACE PRIZE für die Gründung und Organisation der Europäischen Toleranzgespräche im Kärntner Bergdorf Fresach, weil er damit einen wesentlichen Beitrag dazu leistet, dass Menschen friedvolles Handeln und Toleranz entwickeln."

Dreamer of World Peace

Sri Chinmoy wurde in Ostbengalen (heute Bangladesh) geboren und hat als Meditationslehrer und „Dreamer of World Peace" in den USA internationale Anerkennung erworben. 1970 begann er auf Wunsch von U Thant, dem dritten Generalsekretär der Vereinten Nationen, Friedensmeditationen für Delegierte und Mitarbeiter am Sitz der Vereinten Nationen in New York zu leiten, die er bis zu seinem Lebensende fortführte und die bis heute andauern. Seine spirituellen Lehren haben Menschen in aller Welt inspiriert und viele Programme ermöglicht, die globale Freundschaft, Verständnis und Frieden fördern. Mehr Information auf: http://de.srichinmoy.org

Lauter Lügen | Leiser Betrügen
Die Wahrheit ist eine andere
Young Poetry Slam Fresach 2024

Alle Poetry Slam Auftritte in Fresach sind via Youtube unter dem Titel „Lauter Lügen – Die Wahrheit ist eine andere." abrufbar.
https://www.youtube.com/watch?v=vYrewY1F71M

Christine Teichmann
Immer dasselbe Spiel

Wir spielen immer dasselbe Spiel. Alle schließen die Augen. Und wenn wir glauben, wieder wach zu sein, ist etwas passiert. Und Schuld? Schuld sind *immer* die anderen.

Es ist Nacht, die Dorfbewohner schlafen. Nur im Hinterzimmer eines Potsdamer Hotels flackert zarter Kerzenschein. Da wird ein wohl bekanntes Gesellschaftsspiel gespielt.

Die Patrioten erwachen, geben sich mit einem Handzeichen zu erkennen und zeigen, welche Bevölkerungsgruppe als nächstes remigriert werden soll.

Der Bürgermeister erwacht und nutzt die Dunkelheit, um sich schnell einen Schrebergarten, einen Baggersee und einen Baugrund zum Versiegeln zu sichern.

Das Wahlvolk erwacht, zweifelt an Lena Schillings Charakter und sieht endlich ein, dass Klimaschutz total toxisch und einfach nicht mehr wählbar ist.

Der Bundeskanzler erwacht aus seinem Albtraum: Das Asylsystem ist gescheitert und Menschen, die Schutz brauchen, bekommen wirklich Asyl! Sofort sucht er per DNA-Test nach einem Kind, das nicht wirklich verwandt ist, findet aber keines, da syrische Frauen sehr treu sind, und weckt panisch den Innenminister. Der schreckt auf, wirft einen Blick auf die Umfragewerte und zeigt auf einen gut integrierten Minderjährigen, den man abschieben kann. Erleichtert schlafen beide wieder ein.

Die Industriellenvereinigung erwacht, deutet auf alle Teilzeitbeschäftigten und verdonnert sie zu 41 Stunden Zwangsarbeit. Wer Betreuungspflichten hat, darf eine neue Karte ziehen. Ah ja, die Arschkarte. Kein Kindergartenplatz, keine Community Nurses, aber mit dem „Faul und Selbstsüchtig"-Stempel. Dafür ist hinten ein McDonald's Gutschein für ein Kanzlermenü drauf! Alle schlafen wieder ein und träumen von einer schönen Welt. Ohne Gendern, dafür mit Schnitzel! Blühende Landschaften mit Stacheldraht drum herum, die Grenze schützen immer die anderen.

Also wenn mein Sohn zum Bundesheer geht, dann zur Blasmusik, oder wegen der Trainingsmöglichkeit als Sportler, das ist sogar für Frauen interessant, aber für die illegalen Push-backs, da braucht man halt die Profis von Frontex, denen macht es nichts aus, Flüchtlinge zu verprügeln. Und wir sind ja neutral. Wir seufzen zufrieden, drehen uns einmal um im Schlaf, von der linken auf die rechte Seite.

Es wird Tag, die Dorfbewohner erwachen.

Guten Morgen! Also, wer ist schuld?

Die haben sich auf die Straße geklebt, also sind sie schuld am Klimawandel! Die haben Sanktionen gegen Russland unterstützt, also sind sie an unserer Abhängigkeit von fossilen Energieträgern schuld! Die haben sich gegen eine ansteckende Krankheit impfen lassen, also sind sie schuld, dass die Lieferketten zusammen brechen, und ich schon drei Wochen auf meinen neuen Fernseher warten muss!

Die wollen für ihre lokal produzierten Produkte so viel Geld, also sind sie schuld, dass ich mir mein T-Shirt in China nähen lassen muss! Mit Zwangsarbeit! Die nehmen unseren Leuten die Arbeitsplätze weg, also sind sie schuld, dass ich meine Pizza gratis geliefert krieg, und dann wollen die noch Trinkgeld!

Los, Abstimmen!

Das Abstimmungsergebnis wird säuberlich in eine Excel-Liste eingetragen, die Namen vertauscht und wieder einmal werden die Falschen hingerichtet.

Aber die Richtung stimmt!

Es wird Nacht, die Dorfbewohner schlafen ein und traum-wandeln. Die Industrienationen erwachen, erkennen, dass das Zwei-Grad-Ziel ohnehin nicht mehr erreichbar ist und halten ihre Weltklimakonferenz in Dubai ab, damit sich alle rechtzeitig ans Wüstenklima gewöhnen können.

Die EU-Kommission erwacht und einigt sich darauf, Tunesien viel Geld zu geben, damit das Land Flüchtlinge in der Wüste aussetzt. Die UNO-Generalversammlung erwacht, kann sich auf nichts einigen und schläft wieder ein.

Wir würden gerne blinzeln, aber mit geschlossenen Augen ist es sicherer!

Der Spielleiter teilt Wahlkarten aus, jeder darf ein Kreuz machen, aber die meisten geben ihren Stimmzettel wieder leer ab, das zahlt sich ja gar nicht aus.

Wo wir doch eh wissen, dass sich nichts ändert.

Wo wir doch eh wissen, wer schuld ist.

Nämlich immer die, die noch weniger haben. Nämlich immer die, die jetzt schon auf der Flucht sind. Anständige Leute haben keine Kriege, anständige Leute haben keine Trockenheit und keine Überflutungen, anständige Leute haben keine Missernten, keine korrupten Regierungen – also, nein, das kann man nicht behaupten, Korruption ist ja gewissermaßen eine österreichische Spezialität, Leitkultur sozusagen.

Jetzt will ich aber doch gerne wissen, wer wirklich dafür verantwortlich ist!

Wir schauen einander an, lecken uns die Lippen und grinsen zufrieden.

Daniel Wagner

Freiheit oder nicht

„Beendet die Öko-Diktatur! Stoppt die Corona-Diktatur!
Weg mit der Klima-Diktatur!"

Es gibt Leute, die demonstrieren mit Transparenten immer wieder tapfer gegen verschiedene Diktaturen hier bei uns in Deutschland. Und das machen sie einfach so, ganz ohne Angst! Vielleicht, weil das hier schlechte Diktaturen sind, wenn man das hier einfach so und ohne Angst tun kann.

Man kann hier ganz schön vieles ohne Angst tun: Auch ich kann mich heute ohne Angst auf eine Bühne stellen und mutige und provokante Dinge sagen wie: „Ich hab mir 'ne neue Matratze gekauft!" Oder „Die AfD ist ein brauner stinkender Kack-Haufen voller Rassisten!" Und ich werde nicht gekidnappt oder verschleppt oder verprügelt oder gefoltert oder gar ermordet – und das nur aus dem einen einzigen Grund, weil ich mich gerade in Heidelberg befinde. Und nicht in Ludwigshafen.

Kleiner Scherz, im Ernst: Ich kann ohne Angst sein, weil ich mich gerade hier befinde und nicht irgendwo in einem dieser Schurkenstaaten irgendwo am Rande der Welt.

Es ist noch nicht so lange her, da wurde in so einem kleinen Schurkenstaat irgendwo am Rande der Welt eine junge Frau von der sogenannten „Sittenpolizei" totgeprügelt, weil in deren Augen ihr Kopftuch nicht richtig saß. Es ist auch noch gar nicht so lange her, da wurde in so einem Schurkenstaat irgendwo am Rande der Welt ein Oppositionspolitiker von der Regierung vergiftet, überlebte das knapp, wurde dann in ein Straflager gesteckt, jetzt ist er tot.

Es ist auch noch gar nicht so lange her, da wurde in so einem kleinen Schurkenstaat irgendwo am Rande der Welt ein Journalist in der Botschaft, wo er Papiere für seine Hochzeit abholen wollte, gefoltert, ermordet und dann zersägt. Es ist auch noch gar nicht so lange her, da hat der Präsident so eines Schurkenstaates sein Nachbarland, das irgendwie auch unser Nachbar-Nachbarland ist, mit schweren Waffen angegriffen und dabei gezielt Zivilisten ermorden lassen.

Daraufhin hat sich eine Gemeinschaft, die selbst keine Schurkenstaaten sind, zusammengetan und beschlossen, dass das jetzt wirklich mal zu viel ist und dass es dafür jetzt so richtige Sanktionen geben muss!

Dann hat der amerikanische Präsident gesagt, dass der Ölimport seines Landes davon nicht betroffen sein soll.

Dann hat der deutsche Kanzler gesagt, dass der Gasimport seines Landes davon nicht betroffen sein soll.

Dann hat der belgische Präsident gesagt, dass der Handel mit Diamanten davon nicht betroffen sein soll.

Dann hat der tschechische Präsident gesagt, dass der Ölimport seines Landes davon nicht betroffen sein soll.

Dann hat die slowakische Präsidentin gesagt, dass der Ölimport ihres Landes davon nicht betroffen sein soll.

Dann hat der Präsident der EZB, ein Italiener gesagt, dass italienische Luxusartikel davon nicht betroffen sein sollen.

Dann hat der ungarische Präsident gesagt, dass der Ölimport seines Landes davon nicht betroffen sein soll.

Dann hat der Schweizer Präsident gesagt, *dass sein Land sich do abr erschdmol liebr ganz heraushalten möchte.*

Dreizehn dieser sogenannten Sanktionspakete wurden seither verabschiedet, mit mehr Ausnahmen als Sanktionen, vielleicht deshalb auch ohne größere Wirkung. Mir selbst wurde dabei eines klar: Wir sind halt irgendwie abhängig – von diesen Schurken. Dafür sind wir aber immerhin selbst keine Schurken. Wir sind vielleicht Schlawiner oder Halunken, aber keine Schurken. Was der Unterschied ist?

Halunken bereichern sich an Steuergeld durch Briefkastenfirmen oder sogenannte CumEx-Geschäfte, klassifizieren Industrie-Fleisch mit einem Tierwohl-Label, baggern Dörfer weg für Kohle, kaufen Öl von Staaten, die unbequeme Journalisten einfach zersägen oder das Öl von den Staaten bekommen, bei denen sie selbst nicht mehr kaufen dürfen.

Halunken verschmutzen skrupellos die Umwelt, indem sie Abgaswerte fälschen oder Einweg-Vibratoren aus Plastik produzieren. Ja, so etwas gibt es wirklich: Zum Beispiel der

„Satisfyer One-Night Stand" funktioniert nur 30 Minuten, dann sind die Batterien leer, aber man kann sie nicht wechseln, weil das Batteriefach zugeklebt ist. Die aktuelle Version funktioniert immerhin bis zu 90 Minuten und hat sogar 10 Jahre Garantie! (Quelle: https://www.satisfyer.com/de/satisfyer-one-night-stand) Vielleicht geht die Menschheit irgendwann auch allein wegen Halunken unter. Das kann schon sein. In Bezug auf diese Einwegvibratoren könnte man dann hinterher sagen: Die Menschheit, das war „ein Kommen und Gehen!" Aber in Halunken-Staaten müssen wir immerhin nicht um Leib und Leben fürchten, wenn wir unsere Meinung öffentlich sagen, selbst wenn diese Meinung totaler Bullshit ist.

Es sind eben doch nur ein paar hundert Kilometer von hier, da verlieren Menschen ihr Leben, weil sie versuchen, diese Freiheit irgendwie zu verteidigen.

Es sind eben doch nur ein paar hundert Kilometer von hier, da werden Wohnhäuser, Einkaufszentren, Theater, Krankenhäuser und sogar Kindergärten beschossen und Familien hingerichtet. Wer so etwas tut, ist ein menschenverachtendes Arschloch. Auch das kann ich hier einfach so und ganz ohne Angst sagen.

Denn wir hier, wir hier haben es doch jetzt irgendwie geschafft: Die „Corona-Diktatur" ist ja wohl endgültig vorbei. Und der „Heizhammer" wurde auch abgeschwächt und verschoben! Und die Klimakleber werden immer härter bestraft und wollen jetzt sogar aufhören. Dabei haften sie doch für ihre Eltern. Und für ihre Kinder!

Also bitte, ihr tapferen Demonstranten gegen Diktaturen hier, nehmt doch eure Schilder und geht jetzt damit nach Russland und nach Belarus und nach China und nach Saudi Arabien und nach Äquitorialguina und nach Eritrea und nach Ecuador, Ägypten, Thailand, Elfenbeinküste, Algerien, Angola, Aserbaidschan, Äthiopien, Bahrain, Bangladesch, Brunei, Burundi, in den Tschad, nach Dschibuti, Eswatini, Gabun, in den Iran, Irak, nach Jordanien, Kambodscha, Kamerun, Kirgistan, in den Kongo, nach Kuba, in den Niger, nach Laos, Libyen, Malaysia, Marokko, Mauretannien, Mazedonien, Mexiko, Nordkorea, in den Oman, nach Pakistan, Katar, Kuwait, Ruanda, Sambia, Simbabwe, Somalia, in den

Sudan, Südsudan, nach Syrien, Nicaragua, Togo, Turkmenistan, Tadschikistan, Usbekistan, Venezuela, in die Arabischen Emirate, nach Vietnam, Zentralafrika, Kasachstan, Myanmar, Hongkong, Taiwan, Afghanistan und in den Jemen. Diese Liste ist wahrscheinlich noch nicht einmal vollständig. Aber es sollte uns doch immer ein bisschen bewusst sein, dass die Erde keine Ränder hat, sie ist eine Kugel. Und es sollte uns auch bewusst sein, dass diese Freiheit, die wir hier seit nunmehr 79 Jahren haben, dass die keine Selbstverständlichkeit ist. Global gesehen ist sie aber immer noch ein Privileg. Wahrscheinlich ein zerbrechliches. Das sollten wir uns immer wieder ein kleines bisschen bewusst machen. Aber das sollten wir uns so richtig stark bewusst machen, wenn das Gefühl in uns aufkommt, dass wir hier in einer Diktatur leben.

Leonie Mayer

163 cm groß, aber meistens fühle ich mich kleiner

Brauchen wir eine Revolution? Oder braucht sie uns? Hat sie Hunger? Wird sie satt sein? Oder uns nicht verdauen können, dann ausspucken am Straßenrand und dort austrocknen lassen, während sie sich auf die Suche macht. Nach etwas, das ihr das Gefühl gibt zu leben.

It´s bigger than me, I'm little, like five feet three, but
I can speak loud, I can scream, I can shout
I can build something in the absurdity of what life is
But it's built on sand, killed by my own hands
and I don't really know what it is
fear of the future
Angst vor der Zukunft

Because what can I really do.

Das Kind steht neben seinem Fahrrad und spielt am Handy.

Das Kind spürt eine Schwerelosigkeit, die keine gute ist. Das Kind will Kind sein, aber die Welt zeigt ihm keine Zukunft. Die Gegenwart liebt die Dekadenz, ja sie denkt nur in Zahlen, in Jahren, in Farben und Geld. Wie viel bleibt übrig, wenn das einmal war. Ein bisschen hashtag, ein bisschen message, ein breites Lächeln. Für die fans und den fame, für die hater, das game.

Komm, wir spielen Verstecken. Wir klettern auf den Baum und bleiben dort, bis er abgeholzt wird. Wir graben uns ein, bis sie uns zubetonieren. Wir tauchen unter, bis uns das Plastik erstickt. Wir sitzen im Schatten, bis die Welt in unseren Händen zerrinnt.

It's bigger than me, I'm little, like five feet three, but
I can speak loud, I can scream, I can shout
I can build something in the absurdity of what life is
But it's built on sand, killed by my own hands
and I don't really know what it is
fear of the future
Angst vor der Zukunft
Because what can I really do.

Ich kann sprechen, ich kann schreien, ich kann weitergehen oder bleiben. Aber wo will ich sein, was kann ich tun, damit das hier nicht so bleibt?

Ich denke viel über das Werden nach, wenig über das Sein. Ich fühle mich selten ganz und frage, ob das weggeht, wenn ich älter bin. Ob die Fragen weniger, die Zweifel leichter und die Antworten klarer werden. Ich ordne Dinge in Reihen und Schränke, schreibe Termine in den Kalender, esse die Reste von gestern, wärme auf, friere oft, lese Nachrichten, aber immer nur schlechte, fahre mit der Straßenbahn, schlafe manchmal genug, aber selten wirklich gut, habe oft Herzrasen, aber vielleicht gehört das dazu. Ich money money moneyfestiere mir Glück, grabe mit Fingernägeln nach Schicksal, das fix bleibt, was es sagt, aber wer verspricht das?

Sie haben mir gesagt, wenn du groß bist, dann darfst du. Wenn du alt bist, dann kannst du. Sie haben gesagt, wir geben unser Bestes. Sie haben gesagt, wir wissen Bescheid, wir wissen mehr, vertrau darauf. Und dann bauen sie Straßen und Brücken, aber nicht die richtigen, schütten Flächen zu, aber nicht die richtigen, stellen Fragen, aber nicht die richtigen. Sie haben mich gefragt, was willst du werden? Sie haben gefragt, so oft, dass ich vergessen habe, dass ich schon jemand bin.

And I can speak loud, I can scream, I can shout
I'm building something for us, not me, because it's always us
The moon draws circles around the earth, always around her but it should be us
We should draw circles around the earth, always around the earth, because it's her, what's our life about.

Was macht diese Welt mit uns? Was machen wir mit uns, wenn diese Welt nichts mehr macht? Wir malen Fragen in den Sand, schauen den Wellen zu beim Aufbäumen, beim Fallen, wir können nichts halten, aber doch so vieles tun. Und eigentlich geht's uns noch gut. Wir malen Fragen in den Sand und legen uns schlafen, während das Meer die Sandburgen anderer zerstört.

So viele life lessons aber wir lernen nie aus
Sprechen von Zukunft, bauen ein Haus
Bauen ein Leben aus leeren Versprechen und Worthüllen
Holen uns was wir wollen – immer mehr
Before being brought near ruin by humankind
The earth lifed a life, not quiet, but peaceful
And now is broken to pieces
She screams, we build streets, she cries, we cut trees down
We took and we take everything without even questioning.

Das Kind fragt, wohin soll ich fahren? Zeig' mir eine Richtung, einen Weg, mein Akku ist leer, ich habe Fragen und ihr könnt mir keine Antworten geben. Das Kind will nicht still sein, aber wenn es spricht, ist es nur ein Kind, das Fragen stellt.

Estha-Maria Sackl

Leichter als die Wahrheit

Menschen sehnen sich nach Liebe, und dann holen sie sich Tinder. Sie suchen sich aus, was sie am wenigsten abschreckt, und dann swipen sie nach rechts. Dann hoffen sie auf ein Match, und dann gehen sie auf ein Date. Dann ignorieren sie alle No-Go's der anderen Person und genießen das Kuscheln abends vorm Fernseher. Dann beginnen sie zu streiten. Dann versöhnen sie sich. Dann ist der andere nach vier Monaten plötzlich ganz anders als man dachte, aber man ist halt bereits aneinander gewöhnt. Und dann hat man schon zu viel investiert. Aber dann eskaliert ein Streit über ein unmöglich aufzubauendes Ikea-Regal, und außerdem muss doch in der Anleitung was falsch sein, da fehlt doch eine Seite. Aber das ist jetzt auch schon egal, weil dann trennt man sich: wegen unüberbrückbarer Differenzen.

Menschen sehnen sich nach Liebe, dann holen sie sich Tinder und was zurückbleibt ist ein Loch. Menschen sehnen sich nach Sicherheit, und dann schauen sie Videos über Manifestation. Sie sehen tausend Youtube-Anleitungen, die erklären, wie man sich seine Wünsche ganz einfach in sein Leben holt, sie real macht, quasi dorthin zaubert. Alles eine Frage der richtigen Einstellung!

Daran glauben die Menschen – und dann lernen sie Meditieren, zünden eine hübsche Kerze an und hängen einen Wandteppich mit einem Zeichen auf, von dem sie mal irgendwo gelesen haben, es sei das indische Zeichen für Glaube, und dann setzen sie sich in den Schneidersitz hin und atmen in ihr Sakralchakra und dann: denken sie als allererstes an eine Million auf dem Konto, statt an ein Ende des Ukraine-Kriegs oder wenigstens an Gesundheit für die Familie. Menschen sehnen sich nach Sicherheit, und dann schauen sie Vidoes über Manifestation und was zurückbleibt, ist ein Loch.

Menschen sehnen sich nach Selbstwert, und dann lassen sie sich operieren. Sie sehen nur noch ihre Fehler im Spiegel. Wer soll sich denn so lieben können? Diese Nase, diese abstehenden Ohren, die fehlenden Brüste, sie lenken alle ab von den eigentlich so schönen Augen, von den ganz akzeptablen Lippen. Wobei – wenn man dann schon mal dabei ist, die Narkose ist ja sowieso schon gespritzt, ja dann wieso nicht gleich alles andere auch noch ändern, was mich an mir stört. Menschen sehnen sich nach Selbstwert, und dann lassen sie sich operieren und was zurückbleibt, ist eine Person, die lächelt und sagt „Mir geht's jetzt viel besser so, es war die beste Entscheidung meines Lebens!" und was bei mir zurückbleibt ist ein Loch. Weil ich kauf' dir das nicht ab. Ich glaube dir das nicht.

Das Gegenteil von Selbstwert ist doch, alles an sich zu optimieren, was einem nicht passt, das Gegenteil von Sicherheit ist, sich zwanghaft einzureden, man hätte die Kontrolle über absolut alles, was passiert im Leben, und das Gegenteil von wahrer Liebe ist ganz sicherlich ein Tindermatch.

Was jetzt folgt, ist eine Rede. Nein, es ist ein Brand.
Ich versuch euch zu erreichen, bitte hört mir zu und schaut mich an.

Wir eskalieren, dieser Zug hier fährt mit 150 an die Wand!
In meinen Augen ist verloren, wer das nicht sehen kann.
Wir haben uns entschieden für die Illusion,
weil sie ist so viel leichter zu ertragen.
Als die Wahrheit.
Und die schreit mich aus dem Backstage an.

Liebe lässt sich nicht erzwingen
Selbstwert, der lässt sich nicht erkaufen.
Und Sicherheit, so sehr wir alle darum ringen,
so sehr wir sie auch brauchen
ist ein Privileg, keine Selbstverständlichkeit.
Und wenn wir sie weiter sie mit Füßen treten
wird sie nicht länger bleiben.

Wir haben uns entschieden, und zwar für Illusion
vor über zwanzig Jahren schon
Seitdem fährt dieser Zug und niemand bremst ihn ab
nie ist was genug und gleichzeitig ist alles knapp.
Und der Versuch uns selbst zu finden
der hat uns zum Narzissten gemacht.
Wo seid ihr denn alle?
Wo ist denn euer Widerstand?

Verzweifelt suche ich nach Menschen.
Doch ein Haufen schmerzgeplagter Ja-Sager,
das ist alles was ich sehen kann!

Ist es nicht interessant? Wir wussten innerlich immer: Künstliche Intelligenz oder irgendeine Form von Technik, das wird uns, also die Menschheit, eines Tages zu Grunde richten. Sonst gäb's da nicht so viele Filme drüber. Aber im Film, da ist das ja auch cool, weil da gibt's dann einen Roboter, also einen sichtbaren Feind, auf den kann man schießen. Und dann wird da immer 30 Minuten rumgeballert, und die Menschheit gewinnt – so ist das im Film.

(Poetin holt Smartphone aus der Hosentasche)

Erbärmlich, oder? Das es nicht irgendein hyperintelligenter Supercomputer ist, der uns zu Grunde richten wird, sondern unsere eigene Inkonsequenz. Unsere Sucht nach Ablenkung und Betäubung. Unser zerstörter Dopaminhaushalt. Und die kompromisslose Unfähigkeit, auch nur die kleinste, echte Gefühlsregung auszuhalten.

Lügen, wohin man auch schaut.

Stattdessen haben wir uns eine virtuelle Welt gebaut.

Und die sagt dir, was du hören willst. Zeigt dir, was du sehen willst, gibt dir, was du fühlen willst. Aber ECHT ist sie nicht.

Wir haben uns entschieden, für die Illusion. Vor über 20 Jahren schon.

Drum jetzt, vorm folgenden, unausweichlichen Applaus:

Entscheide dich. Belügst du dich weiter?

Oder wachst du endlich auf.

Estha-Maria Sackl
Eine kleine große Reise

Atme tief ein ... und aus.
Es gibt nichts, was du jetzt tun brauchst.
Schön, dass du da bist.
Ich will dir was zeigen, komm bitte mit.
3 ... 2 ... 1 ... los.
Ich weiß, heut' bist du stark und heut' bist du groß.
Aber bitte, für fünf Minuten, tu's für mich:
Erinnere dich ... Erinnere dich.
Du warst mal ein Kind. Unschuldig und herzig, und auch naiv.
Wie du die Welt da gesehen hast, weißt du das noch?
Natürlich, komm, erinner' dich doch.
Die Bäume dort, schau!
Die ziehenden Vögel, der Himmel so blau.
Es riecht nach Sonnenmilch und See.
Kinder spielen schrill im Hintergrund.
Du suchst nach vierblättrigen Klee.
Der Biss auf Omas Terrasse in ein Schnittlauch-Butterbrot.
Und der Tau, den man früh morgens, mit den Fingern vom frisch
gemähten Gras aufhob.
Und dieser Wald, und dort dieser Duft.
Nach Nadeln, nach Holz, und die saubere Luft.

Und die Welt, sie war so einfach
als ginge es beim Laufen leicht bergab
Kein Problem, für das es keine Lösung gab
Schlechten Tag in der Schule gehabt?
Dafür hat Oma uns diese eine ganz besondere Suppe gemacht.
Die, mit diesem speziellen Geschmack
den wir nie irgendwo anders wiedergefunden haben.
Und was haben wir gelacht.
Wie leicht war alles,
als ginge es beim Laufen ein bisschen bergab.

Und ich weiß, dann hast du das verloren.
Wir wurden plötzlich müde, als wir liefen.
Und ich glaube irgendwann, da fragten wir uns alle.
Wann ist das passiert?

Ich weiß es, und ich sag' es dir:
Das Gewicht der Welt, das ruht auf deinen Schultern.
Du siehst sie nicht mehr, all die grünen, blauen, rosa Wunder.
Und das wirfst du dir vor.
Das Schöne, das siehst du nicht mehr.
Es musste weichen
vor dem „du musst, du sollst, und so hat das jetzt nunmal zu sein".
Die Welt die ist hart
und es ging nicht anders.
Du musstest dir eine Schutzmauer bauen,
weil sonst hältst du das alles unmöglich aus.
Ich weiß. Ich weiß.
Es ist okay. Es ist, wie es ist. Es darf so sein.
Ich weiß, du vermisst es auch, wie es früher war.
Du versuchst, jeden Tag die Welt ein Stückchen besser zu machen.
Bitte, aus tiefstem Herzen, fühl dich verstanden.
Und fühl' dich umarmt.

Das Gewicht der Welt, das ruht auf deinen Schultern.
Du bist einer von den Guten.
Sonst wärst du heute nicht hier,
bei all diesen Leuten und bei mir.
Du bist die, die den Weltschmerz kennt.
Und die so viel Verantwortung übernimmt.

Dieser Text, ist für dich. Hör mir zu.
Tief da drin, sitzt immer noch du.
Die Bäume dort, schau!
Die ziehenden Vögel, der Himmel so blau.

Diese Version von dir existiert,
zwar tief begraben, aber ich weiß du bist hier.
Es riecht nach Sonnenmilch und See.
Du suchst in der Wiese nach vierblättrigem Klee.
Und ich sage dir: Du bist genug. Du bist gesehen
und geliebt.
Denn nichts Geringeres hast du verdient.

1 ... 2 ... 3 ...
Mach die Augen auf. Jetzt.
Habe den Mut und stell dich der Welt.
Ich weiß, dass du das kannst.
Sei froh, dass du noch so 'ne Kindheit hattest.
Wir hatten kein Facebook, und unser Phone war nicht smart.
Wir wussten nicht, was die anderen machen.
Wussten nicht in Echtzeit, was in der Welt passiert,
und das war okay, denn dafür waren wir wirklich hier.
Gerade noch – hatt' ich so 'ne Kindheit auch.
Und um keinen Preis der Welt würd' ich sie tauschen.
Wir sind die letzten, die das erlebten.
Und wir sind verpflichtet, das Gefühl zu pflegen und es
weiterzugeben.

Und ja, wir haben uns 'ne virtuelle Welt gebaut.
Und seit Corona haben wir uns da nicht mehr rausgetraut.
Aber zum Abschluss, dieser Reise, dieses Gedichts:
hab' ich noch 'ne Überraschung für dich:

Dieser Wald, und dort dieser Duft.
Nach Nadeln, nach Holz, und die saubere Luft.
Die Sonnenmilch, der See
die Suche im Abendrot nach vierblättrigem Klee.
All das ist echt. Es ist immer noch hier.
Es hat auf dich gewartet, und es ruft nach dir.
Im ganzen Stress
haben wir uns selbst vergessen.

Aber die Welt
hat geduldig gewartet
auf dich, und dass du aufwachst
und ihre Wunder wieder siehst.
Hör auf dich zu verschließen.
Irgendwo tief da drin, ist ein echtes Du.
Also hör auf zu lügen, und fang an dich zu suchen.

Slam-Poet*innen

Leonie Mayer (*2002), Wien
ist amtierende Landesmeisterin von Oberösterreich und Salzburg im Poetry Slam. Mit ihrer samtig weichen Stimme umspielt sie das Publikum, sobald sie die Bühne betritt und mit ihren Texten fesselt. Es geht zumeist um Gleichberechtigung, darüber was die Frau wirklich will und nicht angenommen wird, was gewollt wird. Ob Lyrik, Prosa, Epik – eines ist sicher – episch sind ihre Texte allemal.

Estha-Maria Sackl (*1991), Steindorf
wuchs in Kärnten auf und studierte in Graz. Seit 2015 steht sie auf Slam-Bühnen. 2017 wurde sie steirisch-kärntnerische Vizemeisterin. Die energievolle Performerin wirkte bei mehreren Lesebühnen und Improshows mit und zieht mit ihrer charmanten Art und ihren Texten einen jeden/eine jede sofort in ihren Bann. In Fresach zählt sie jedes Jahr zu den Fixstarterinnen.

Christine Teichmann (*1964), Wien
ist Schriftstellerin, Kabarettistin und Schauspielerin. Als Kleinkünstlerin ist sie über die Grenzen Österreichs bekannt, seit 2011 nimmt sie erfolgreich an Poetry Slams teil. Mit ihrem Kabarettprogramm „links rechts Menschenrecht" hat sie 2023 den Dresdner Satirepreis (Publikum) und den Kleinkunstpreis „Reinheimer Saitelöwin 2021" gewonnen, mit „Vordenkliches & Nachwitziges" den „Freistädter Frischling 2019" und die Kabarett-Talenteshow 2020.

Daniel Wagner (*1984), Lörrach
wohnt seit 2005 in Heidelberg, wo er Germanistik, Geschichte und Latein studierte. Er ist seit fast 20 Jahren als Slam-Poet im gesamten deutschsprachigen Raum unterwegs und inzwischen Rekord-Finalist bei den deutschsprachigen Poetry Slam Meisterschaften. Sein Programm hat sich seit seiner Bühnenpremiere in Richtung Kabarett weiterentwickelt. Zahlreiche Auftritte in der Kabarettbundesliga zeugen von seiner Wortschöpfungskraft.

Biografien

Udo Bachmair (*1951) ist Journalist und Moderator. Er war lange Jahre ORF-Redakteur und ist seit 2014 Präsident der Vereinigung für Medienkultur. Der Absolvent der Politikwissenschaft begann in den 70er-Jahren in Salzburg seine Tätigkeit beim ORF und arbeitete vorwiegend als Redakteur und Moderator der aktuellen Ö1-Journale in Wien. Zudem war er Präsentator der TV-Sendung „Kreuz & Quer" und zuletzt stellvertretender Ö1-Info-Chef. In zahlreichen Veröffentlichungen versucht er demokratiepolitische Fehlentwicklungen im Spannungsfeld von Politik und Medien aufzuzeigen.

Evelyn Bubich (*1988) ist freie Lektorin, Autorin und Literaturvermittlerin in Wien, Mitherausgeberin der Literaturzeitschrift PODIUM und Vorstandsmitglied der IG Autorinnen Autoren. Sie arbeitet für zahlreiche Verlage im In- und Ausland, schreibt Lyrik und Prosa, Rezensionen und Essays und publiziert in (Literatur-)Zeitschriften, Tageszeitungen und Anthologien. Sie hat Vergleichende Literaturwissenschaft, Digital Media Publishing und Kommunikationsmanagement studiert und arbeitet aktuell an ihrem ersten Roman.

Radka Denemarková (*1968) zählt zu den herausragendsten und vielseitigsten tschechischen Autorinnen der Gegenwart. Sie studierte Germanistik und Bohemistik in Prag und arbeitete viele Jahr lang als Literaturkritikerin und Beraterin für Theaterbühnen und Fernsehproduktionen, 2017 wurde sie zur Stadtschreiberin von Graz berufen. Denemarková setzt sich in ihrem Werk mit dunklen und verdrängten Seiten der europäischen Geschichte auseinander, für ihren 2022 in deutscher Sprache publizierten China-Roman *Stunden aus Blei* erhielt sie hymnische Kritiken und zahlreiche Auszeichnungen.

Stefan Dreisiebner (*1987) ist Informationswissenschafter mit Schwerpunkt Informationskompetenz und technologiegestütztes Lernen. Er arbeitet als Dozent für Digital Business Management an der FH Kärnten, zuvor war er am Institut für Informationswissenschaft der Universitäten Hildesheim und Graz tätig. Er koordinierte das Erasmus+ Projekt Information Literacy Online, bei dem sich Institutionen aus sechs europäischen Ländern beteiligten und rezensiert regelmäßig für internationale Fachzeitschriften, u.a. ist er Mitglied des Editorial Boards der Open-Access-Zeitschrift Open Information Science.

Elisabeth Faller (*1959) war über 40 Jahre lang in einer regionalen Genossenschaftsbank tätig, von 2005 bis 2015 Geschäftsführerin und Vorstand, später ehrenamtlich für Oikokredit als Regionalrepräsentantin. Sie ist seit 2002 im Kärntner SchriftstellerInnenverband aktiv, Mitorganisatorin des Alpen-Adria-Literatursymposiums des KSV und der Kulturinitiative Gmünd sowie seit vielen Jahren Diözesan-Kirchenrätin. Sie hat italienische Lyrik ins Deutsche übersetzt und in zahlreichen Literaturzeitschriften und Anthologien Gedichte publiziert.

Gerd Gigerenzer (*1947) ist Psychologe, Verhaltensökonom und Digitalisierungsexperte, emeritierter Direktor des Max-Planck-Instituts für Bildungsforschung und seit 2020 Direktor des Harding-Zentrums für Risikokompetenz an der Universität Potsdam. Er gilt – weltweit – als einer der profiliertesten Risikoforscher, das Gottlieb Duttweiler Institut zählt ihn zu den 100 einflussreichsten Denkern der Gegenwart. Er ist Regierungsberater in Berlin, Vizepräsident des Europäischen Forschungsrats, Vortragender an dutzenden Universitäten und Autor vieler bahnbrechender Studien zur Kunst des Entscheidens.

Antonia Gössinger (*1958) ist Journalistin und Kolumnistin. Sie begann ihre Karriere beim ÖVP-Blatt Volkszeitung und war nach einem kurzen Intermezzo beim FPÖ-Pressedienst in Wien von 1983 bis 2022 bei der Kleinen Zeitung in Kärnten tätig, seit 2015 als Chefredakteurin. Aufgrund ihrer kritischen Berichterstattung galt sie als „Lieblings-Feindin" des früheren Landeshauptmanns Jörg Haider. 2006 wurde Gössinger mit dem Kurt-Vorhofer-Preis ausgezeichnet, 2009 erhielt sie den Concordiapreis in der Kategorie Pressefreiheit, 2021 wurde ihr das Große Ehrenzeichen des Landes Kärnten verliehen.

Hatto Käfer (*1956) ist Romanautor und EU-Insider. Er war nach einer Laufbahn in der Privatwirtschaft in mehreren Führungsfunktionen der Europäischen Union tätig, unter anderem für die Vertretung der Europäischen Kommission in Österreich, für die Historischen Archive der Kommission und für die Presseabteilung des Europäischen Gerichtshofes. Als EU-Experte tritt er für einen pragmatisch-maßvollen Fortschritt der Europäischen Einigung ein, als Romanautor schreibt er über das Spannungsfeld von Politik und Wirtschaft, zuletzt erschien der Brüssel-Roman „Das Phantom des Parlaments" (2024).

Claudia Paganini (*1978) ist Philosophin, Theologin und Kommunalpolitikerin in Tirol. Sie lehrt als Professorin für Medienethik an der Hochschule für Philosophie in München und ist gern gesehener Gast bei TV-Talkshows zu Fragen des politischen Widerstands (Handeln statt Kriminalisieren). Sie ist Gastdozentin an zahlreichen Universitäten von Mailand über Athen, Zagreb bis Limerick, für ihre Habilitation erhielt sie den Pater-Johannes-Schaschnig-Preis und den Ars Docendi-Staatspreis für exzellente Lehre. Der Großteil ihrer Schriften befasst sich mit theologischen und ethischen Fragen, insbesondere zur Wahrheitsfindung.

Alice Pechriggl (*1964) ist Philosophin und Gruppenpsychoanalytikerin. Sie studierte Philosophie, Politologie und Alte Geschichte in Wien, Florenz und Paris. Ihr Doktorat in Philosophie schloss sie 1990 ab; es folgten 1998 ein PhD in Philosophie und Sozialwissenschaften an der École des hautes études en sciences sociales in Paris, 1999 die Habilitation an der Universität Wien sowie diverse Gastprofessuren. Zwischen 2000 und 2010 absolvierte Pechriggl eine Psychotherapieausbildung in Gruppenpsychoanalyse. Seit 2003 ist sie Professorin am Institut für Philosophie der Alpen-Adria-Universität Klagenfurt, dessen Leitung sie derzeit innehat.

Manfred Sauer (*1960) ist seit 2002 Superintendent der Evangelischen Diözese von Kärnten/Osttirol und Vereinsobmann des Denk. Raum.Fresach, der für die Ausrichtung der Europäischen Toleranzgespräche verantwortlich ist. Er ist Träger des Ehrenrings der Stadt Villach und des Kärntner Landesordens in Silber. 2017 erhielt er mit dem Fresach-Organisationsteam den Kärntner Menschenrechtspreis. Der gebürtige Burgenländer steht für eine offene und engagierte Kirche, in der die Friedensbotschaft des Evangeliums erlebbar wird und auch Fernstehende wie Hilfesuchende das Gefühl haben, willkommen zu sein.

Wilfried Seywald (*1961) ist Erfinder, Gründer und Organisator der Europäischen Toleranzgespräche, die seit 2015 alljährlich in Fresach stattfinden. Er hat nach seiner Tourismuspraxis Politik- und Kommunikationswissenschaften studiert und nach zehn Jahren Journalismus in der Außenpolitik 1991 die PR-Beratung Temmel, Seywald & Partner und 1997 die Nachrichtenagentur pressetext gegründet. Er ist als Tourismus- und Kommunikationsberater tätig.

Hannes Swoboda (*1946) ist Präsident des Kuratoriums der Europäischen Toleranzgespräche. Er war von 1996 bis 2014 Listenführer der österreichischen Sozialdemokraten im Europaparlament, ab 2012 Präsident der europäischen S&D Gruppe. Er war in zahlreichen Ausschüssen und Delegationen tätig und hat als Berichterstatter mit Regionalfokus auf Südosteuropa, Zentralasien und Russland beträchtliche Beiträge im Kampf gegen politischen Extremismus und die Förderung der Minderheiten geleistet.

Armin Thurnher (*1949) ist Herausgeber und Chefredakteur der Wiener Stadtzeitung Falter sowie Autor zahlreicher Sachbücher zur Zeitgeschichte und zu Fragen der Demokratie, Pressefreiheit und Republiksfindung. Der gebürtige Vorarlberger zählt zu den profundesten Kennern der österreichischen Innenpolitik und Kritikern der österreichischen Medienlandschaft. Viele Auszeichnungen und Ehrungen wie der Kurt-Vorhofer-Preis, der Karl-Renner-Preis, der Otto-Brenner-Preis und der Bruno-Kreisky-Preis für das pulizistische Gesamtwerk pflastern seinen Weg.

Norbert Wohlgemuth (*1963) ist Professor am Institut für Volkswirtschaftslehre der Alpen-Adria-Universität Klagenfurt und Geschäftsführer des Kärntner Instituts für Höhere Studien und wissenschaftliche Forschung (KIHS). Zuvor war er bei der Internationalen Energieagentur (OECD) in Paris sowie am UNEP Risoe Centre on Energy, Climate and Sustainable Development, Dänemark und als Konsulent für die UNIDO tätig. Er befasst sich mit institutionellen Veränderungen der Energiewirtschaft und deren Implikationen für das Erreichen von Nachhaltigkeitszielen.

Nachwort

Leo Stollwitzer

Talent, Technologie und Toleranz

Bei seinen Recherchen über außergewöhnlich erfolgreiche Metropolen bzw. Regionen entdeckte der US-amerikanische Ökonom Richard Florida (sic!) drei zentrale Kriterien, die für boomende Räume ausschlaggebend waren: ein vorhandener Talentepool, Technologie-Affinität, und – als dritten Faktor – gelebte Toleranz. Alle drei Merkmale findet man zweifelsohne in Kärnten, wobei es beim einen oder anderen Parameter noch „Luft nach oben" gibt.

Der Club Carinthia ist seit vielen Jahren darum bemüht, die Vielseitigkeit Kärntens sichtbar zu machen, indem er den Blick auf seine Talente, Erfolge und Innovationen in Wissenschaft, Wirtschaft und Kultur lenkt und somit eine wichtige und vielfach unterbelichtete WAHRHEIT über Kärnten in den Vordergrund rückt.

Bei dieser „Wahrheitsfindung" geht es in erster Linie darum, Kärnten als ein Land des Wissens, des Handelns und der schönen Künste zu präsentieren, das wahrhaftige Toleranz, kulturellen Austausch und lebendige Integration vorlebt. Der Club bietet dabei herausragenden Persönlichkeiten mit Kärntner Background eine Diskussions- und Netzwerkplattform. Hier präsentieren Kulturschaffende und Wissenschaftler sowie Wirtschaftstreibende ihre Vorstellungen und Erfahrungen und treten in Dialog mit „Expats" und Kärnten-Freunden, die an einer guten Entwicklung dieses Bundeslandes Interesse haben.

Die Nähe zur Alpen-Adria-Universität Klagenfurt und die enge Verbindung zu internationalen Forschungsnetzwerken haben das Land zu einem bedeutenden Knotenpunkt in verschiedenen wissenschaftlichen Disziplinen gemacht. Junge Forscherinnen und Forscher aus Kärnten sind international aktiv – in Informatik, Umweltwissenschaften, Wirtschaft und Psychologie. Gerade im Bereich neuer Technologien hat Kärnten durch F&E bei Künstlicher Intelligenz, Halbleiter, Quantenphysik und nachhaltigen Energien auf sich aufmerksam gemacht.

Auch als Wirtschaftsstandort gewinnt Kärnten an Bedeutung, insbesondere in Umwelt- und Energiefragen, Elektronik und Tourismus. Darüber hinaus hat die Nähe zu Italien und Slowenien eine einzigartige kulturelle Vielfalt hervorgebracht, die in ihrer Dichte – in Literatur, Musikschaffen und Bildnerischen Künsten ebenso wie im Spitzensport – wohl einzigartig ist. Große Namen zeugen von der Lebendigkeit, Breite und Tiefe der Talente, die dieses Land hervorgebracht hat.

Der Club Carinthia fördert diese kulturelle Vielfalt und Kreativität, indem er Künstlerinnen und Künstler eine Bühne bietet – mit regelmäßigen Events, Lesungen und Ausstellungen, die mithelfen, Kärnten als Kulturstandort stärker ins Bewusstsein zu rücken. Als langjähriger Partner der Europäischen Toleranzgespräche in Fresach ist der Club Carinthia – stets einer holistischen Wahrheit verpflichtet – weiterhin bestrebt, die Bedeutung der ETG für Kärnten und für die Kultivierung eines von Toleranz geprägten Denkens hervorzuheben.

Impressum:

Herausgeber: Edition Denk.Raum.Fresach
Redaktion und Lektorat: Dr. Wilfried Seywald
Produktion: Temmel, Seywald & Partner

Temmel_und_**Seywald**

wilfried@seywald.at
www.tsp.at

Schrift: Times und Arial
Gedruckt auf Werkdruckspapier, weiß 90g

© 2024, Dr. Wilfried Seywald
Edition Denk.Raum.Fresach
Homepage: www.fresach.org

Buchgestaltung und Layout: Mag.art. Xenia Vargova
Titelbild: Mag. Erika Seywald
Verlag: BoD · Books on Demand GmbH, In de Tarpen 42, 22848 Norderstedt
Druck: Libri Plureos GmbH, Friedensallee 273, 22763 Hamburg
ISBN: 978-3-7693-0938-6

Bibliografische Information der Deutschen Nationalbibliothek.
Die Deutsche Nationalbibliothek verzeichnet diese Publikation in der
Deutschen Nationalbibliografie; detaillierte bibliografische Daten sind im
Internet über http://dnb.de abrufbar.